PETRA URBAN

Welch unerhörte

Lust
zu leben

Für Irina

PETRA URBAN

Welch unerhörte Lust zu leben

Von großen Wunden und noch größeren Flügeln

Vier-Türme-Verlag

Bibliografische Information der Deutschen Nationalbibliothek

Die Deutsche Nationalbibliothek verzeichnet diese Publikation in der Deutschen Nationalbibliografie. Detaillierte bibliografische Daten sind im Internet über http://dnb.d-nb.de abrufbar.

1. Auflage 2017
© Vier-Türme GmbH, Verlag, Münsterschwarzach 2017
Alle Rechte vorbehalten

Lektorat: Marlene Fritsch
Umschlaggestaltung: wunderlichundweigand
Umschlagmotiv: © Irina Fürstenau
Druck und Bindung: Finidr s.r.o., Český Těšín
ISBN 978-3-7365-0078-5

www.vier-tuerme-verlag.de

INHALT

Ein Wort vorab

Der Sommer hatte sich bereits dem Ende genähert, als durch die warme Luft ein Wort zu mir geflogen war, eine Art Zauberwort, wie ich im Nachhinein feststellte. Ich hatte im hohen Gras gelegen, die ziehenden Wolken beobachtet und mich plötzlich gefragt, was es eigentlich heißt, im Gleichgewicht zu sein. Und während ich darüber nachgedacht hatte, war mir eine Szene aus Kindertagen eingefallen. Eine Spielplatzszene: Zwei Mädchen auf einer Wippe, die händeringend versuchen, in die Balance zu kommen. Keine leichte Aufgabe, denn die beiden sind unterschiedlich groß und schwer. Schließlich aber schaffen sie es doch. Jubel ertönt, Freudengeschrei. Die Mädchen schäumen über vor Vergnügen. Ein Glücksmoment!

Ich hatte also im Gras gelegen an jenem Spätsommertag und darüber gestaunt, wie aus dem Ringen nach Gleichgewicht Glück entstehen kann. Und dieses »errungene« Glück interessierte mich plötzlich. Mich. Die ich durch Erlebnisse in meiner Kindheit mein inneres Gleichgewicht gänzlich verloren hatte.

Im Gleichgewicht

Wer zugleich
seinen Schatten und sein Licht wahrnimmt,
sieht sich von zwei Seiten,
und damit kommt er in die Mitte.

C. G. JUNG

Vom Sternbild her bin ich eine Waage. Ein Tierkreiszeichen also, das nach Harmonie klingt, nach der schönen Kunst, mit sich selbst in Einklang zu sein. Bin ich aber nicht. Ganz und gar nicht. Solange ich denken kann, gehöre ich zu den unausgewogenen, den extremen Seelen.

Vielleicht ist das ja der tiefere Grund, weshalb mich das Thema »im Gleichgewicht sein« immer schon fasziniert. Und weshalb ich mich jetzt, da ein Großteil meines Lebens bereits hinter mir liegt, doch noch entschlossen habe, über die Waage in mir nachzudenken.

Lässt sich die Kunst der Balance, der Ausgeglichenheit eigentlich erlernen, so wie Eiskunstläuferinnen irgendwann die »eingesprungene Waage« beherrschen, jene wirbelnde Pirouette, bei der sich alles ums Gleichgewicht dreht?

Neulich las ich einen Witz in der Zeitung. Da spaziert ein Mann durch Wien und fragt einen anderen, ob er ihm sagen könne, wie er zu den Philharmonikern komme. Der Angesprochene schaut ihn lange und prüfend an, nickt schließlich und sagt: »Üben, üben, üben!« Wer weiß, vielleicht ist das auch die Antwort auf meine Frage. Vielleicht macht allein die Übung uns zu Meisterinnen der Balance.

Fest steht: Im Gleichgewicht zu sein ist alles andere als eine Selbstverständlichkeit. Denn im Gleichgewicht zu sein bedeutet, in Balance mit mir und meinem Leben zu sein. Und das wiederum heißt, im Einvernehmen mit meiner Vergangenheit. Was nicht immer einfach ist.

Denn in vielen unserer Lebensgeschichten gibt es Schmerzhaftes, Allzuschmerzhaftes, vor dem wir gern die Augen verschließen. Verletzungen und Enttäuschungen aus früherer Zeit, kleinere und größere Wunden, die niemals wirklich verheilt sind. All dieses Unheile, dieses Vergangene, das nicht vergangen ist, verfügt über eine erstaunliche Haltbarkeit. Aber nicht nur das. Es verfügt auch über die Kraft, uns nach Jahren, mitunter nach Jahrzehnten noch aus dem Gleichgewicht zu bringen.

Ich selbst hatte eine Zeit in meinem Leben, die von solch schwarzer, klebriger Traurigkeit und Hoffnungslosigkeit war, dass sie mich fast verschlungen hätte. Es hat lang gedauert, sehr lang, bis ich verstanden habe, woher diese Traurigkeit, diese

Sehnsucht zu sterben eigentlich kam. Wo sie ihren Ursprung hatte.

Wer im Gleichgewicht sein will, wer sein Leben im Hier und Jetzt von Herzen genießen will – diese Erfahrung habe ich zumindest gemacht –, kommt um das Wagnis eines Sprunges in die Vergangenheit nicht herum. Ein Springender aber, das weiß der Philosoph Søren Kierkegaard, wenn er vom »Sprung in den Glauben« spricht, braucht Mut. Warum? Ganz einfach: Weil er nie so genau weiß, wo und wie er landen wird. Auch ein Sprung in die Vergangenheit kann solch ein Wagnis sein, eine Ungewissheit, ein Risiko. Denn die eigenen Wunden anzuschauen, sich mit alten Verletzungen auseinanderzusetzen, erfordert Mut. Mut, den wir nicht immer aufbringen. Lieber verdrängen wir, was gewesen ist, verschließen die Augen davor.

Verdrängen aber, das hat uns die Psychoanalyse gezeigt, stellt auf Dauer keine Lösung dar. Denn Verdrängen kostet Kraft. Wertvolle Kraft, die uns an anderer Stelle fehlt. Gerade in Stresssituationen, wenn das Leben uns von allen Seiten bedrängt, meldet sich Verdrängtes gern zu Wort. Je nach Grad der Schwere bedroht, ja stört es unser seelisches und körperliches Gleichgewicht auf das Empfindlichste. Weshalb die Zeit gekommen sein kann, den Sprung zu wagen, sich die Wunden der Vergangenheit anzuschauen, sie nicht länger unter Verschluss zu halten. Denn unter Verschluss, das wissen wir alle, heilt nichts. Heilung der Seele aber ist die Voraussetzung für ein freudvolles Leben.

Immer wieder höre ich in Gesprächen das Argument, die Vergangenheit doch lieber ruhen zu lassen, so wie einen Verstorbenen, an dem wir schließlich auch nicht herumrütteln. Will heißen: Statt uns den Kopf über Gewesenes zu zerbrechen, sollten wir doch lieber das Gegenwärtige genießen. Klingt plausibel. Ist es aber nicht. Leider. Wenn etwas in unserem Leben so sehr nach Aufmerksamkeit verlangt, dass es uns körperliche Symptome schickt, wie es bei mir der Fall war, dann ist es höchste Zeit, allerhöchste Zeit, hinzuhören und hinzugucken.

Unser Körper ist ein wunderbares Instrument, eine Art Seismograf. Ein Frühwarnsystem, das auf kleinste Erschütterungen reagiert. Er spricht eine deutliche Sprache. Und er fordert uns auf, nötige Schritte zu unternehmen. Und doch neigen wir dazu, die Signale, die er uns sendet, zu überhören und zu übergehen.

Wir mögen sie nicht, alle diese ungeliebten Störungen, empfinden sie als Zumutung. Dabei wollen sie uns etwas Wichtiges mitteilen: dass wir Gefahr laufen, zum Beispiel, gefährlich abzustürzen, wenn wir so weitermachen wie bisher; dass wir krank werden, wenn wir die Warnungen länger missachten. Aber genau das wollen wir eben nicht hören. Weil es nicht in unseren bewegten Alltag, unsere pausenlose Geschäftigkeit passt. Unpässlichkeit, das ist doch wie Nachsitzen in der Schule. Das ist doch Strafe. Während die anderen alle schon auf und davon sind, hocken wir fest, verdonnert zu dieser verdammten Zwangspause.

Aber jede Unterbrechung, jede Aufmerksamkeit, die ein Körper einklagt, jede verschlüsselte Botschaft, die er sendet, kann genau das Gegenteil von Strafe sein. Chance nämlich. Angebot.

Eine Freundin von mir, die täglich mit dem Zug zur Arbeit fährt, musste sich eines Morgens von einer aufgebrachten Dame den Vorwurf gefallen lassen, dass der Platz, auf dem sie da sitze, *ihr* Platz sei. »Mag sein«, hat meine Freundin lächelnd geantwortet, »heute aber nicht!« Auch unser Körper zwingt uns mitunter, aus der Routine, aus dem Festgefahrenen auszuscheren und Dinge anders zu machen als gewohnt. Ob wir es wollen oder nicht.

Bei aller Verärgerung und Verzweiflung können sich körperliche Symptome am Ende aber als ein Segen entpuppen. Dann nämlich, wenn sie uns die Augen für Wesentliches öffnen: für Veränderung. Vielleicht ist es an der Zeit, eine neue Achtsamkeit, ein feineres Gespür dafür zu entwickeln, was unser Körper uns sagen will.

Stellen wir uns eine Seiltänzerin vor. Eine Art Primaballerina, die hoch oben in einer bunten Zirkuskuppel in einem glitzernden Kostüm leichtfüßig über das Seil balanciert. Das Allerwichtigste, um in dieser schwindelerregenden Höhe im Gleichgewicht zu bleiben, ist gar nicht so sehr der lange Stab, mit dem sie sich austariert, als vielmehr die ständige Bewegung, in der sie sich befindet. Würde sie in absoluter Ruhe auf dem Seil verweilen, so habe ich gelesen, würde sie stehenden Fußes in die Tiefe stürzen.

Auch wir, die wir allesamt Tänzerinnen auf unserem Lebensweg sind, Balancekünstlerinnen im besten Sinne des Wortes, tun gut daran, uns in der Selbstwahrnehmung zu üben. Um drohende Abstürze zu vermeiden, ist es wichtig, ja mitunter lebenswichtig, unser Gespür für feinste Nuancen und Schwingungen zu trainieren, um früh genug zu erkennen, was uns aus dem Gleichgewicht bringt, was nicht stimmig ist in unserem Leben, was uns über Gebühr belastet. Wo Vergangenes möglicherweise zu schwer wiegt, um es länger noch allein tragen zu können.

Atemlos 1.

Die Lunge hat falsche Luft geatmet
es heißt eine neue Sprache finden.

ROSE AUSLÄNDER

Es war eine atemlose Zeit damals. Von seelischem Gleichgewicht keine Spur. Ich war nervös und unkonzentriert. Dazu so ungeschickt wie selten in meinem Leben. Bei einem Museumsbesuch meinte ich mein Schicksal in den Gemälden von Georg Baselitz zu entdecken, in seinen berühmten Umkehrbildern. Denn genau so kam ich mir vor: als hätte mich irgendwer am Kragen gepackt und kurzerhand auf den Kopf gestellt.

Schier alles, was ich anfasste, fiel mir aus den Händen. Ich weiß nicht, wie oft ich mich bücken musste, um irgendetwas aufzuheben, wie viele Male ich nach Handfeger und Kehrblech rannte, um zerschlagenes Glas oder Porzellan aufzukehren, und wie oft ich beim Essen aufsprang und zum Wasserhahn eilte, weil ich mich wieder einmal bekleckert hatte. Nichts, wirklich nichts schien damals sicher in meinen Händen. Und ich ärgerte mich maßlos über meine Missgeschicke, alle diese verpatzten Handgriffe, die nichts als Unmut und Unordnung in mein Leben brachten. Bisweilen fluchte ich so laut und böse, dass mich die Wucht meiner Worte regelrecht erschreckte. Dazu aber kam noch ein anderes, ungleich wesentlicheres Problem: Über Nacht hatte ich das Gefühl, nicht mehr richtig durchatmen zu können. Vor allem bei meinen Spaziergängen durch die Weinberge fiel es mir auf. Irgendetwas schien mir die Luft abzuschnüren. Beinah so, als hätte sich über Nacht eine Klammer um meinen Brustkorb gelegt, als würde etwas Unsichtbares ihn zudrücken.

Natürlich ging ich zum Arzt, genau genommen zu verschiedenen Ärzten. Und natürlich ließ ich allerlei Untersuchungen über mich ergehen. Schließlich ist die Atmung die wichtigste Funktion unseres Körpers, der Grundstoff unseres Lebens sozusagen, sprich Anfang und Ende.

Als Kind hatte ich eine Asthmatikerin miterlebt: Frau Müller, die Nachbarin meiner Großeltern auf dem Land. Eine lebenslustige Person in bunter Kittelschürze, die mich mit ihrer gleichbleibend guten Laune beeindruckt hat. Immer schwang ein Jubeln in ihrer Stimme mit. Und immer hat sie bei der Arbeit gesungen, im Haus und auch im Garten, beinah so, als wolle sie auf diese Art und Weise die Sorgengeister vertreiben. Später konnte sie nicht mehr singen. Nur noch lächeln und freundlich über den Zaun hinweg winken. Und noch später hat sie dann im Schlafzimmer gelegen, wo ich sie besuchen durfte und wo ich diese schrecklichen Erstickungsanfälle, dieses Kämpfen und Krampfen miterlebt habe.

Die Erinnerung an Frau Müller und ihre Krankheit zum Tode war es, die mich schließlich auch noch zu einem Lungenspezialisten führte. Am Ende aber blieben alle Untersuchungen ohne Befund. Ich hätte die Lunge einer Sportlerin, hieß es. Da war nichts, was meine Kurzatmigkeit erklärte. Und so lautete der Rat, den meine Hausärztin mir schlussendlich mit auf den Weg gab: Stress reduzieren. Das Leben ein wenig ruhiger und entspannter angehen.

Gemeinsam mit einer Freundin betrachtete ich meine vergangenen Wochen und Monate aus der Vogelperspektive. Gut, da waren einige private Turbulenzen gewesen, auch hatte sich das Karussell meiner Termine etwas schneller gedreht als gewöhnlich. Schließlich pendelte ich seit einiger Zeit zwischen zwei Städten hin und her. Aber stresste mich das? Nein. Ganz im Gegenteil. Mein randvolles, bewegtes Leben machte mir Spaß.

Etwas anderes musste mir den Atem rauben. Aber was? Ich hatte keine Ahnung. Und so oft ich mir die Frage auch stellte, ich fand keine Antwort. Grübelnd erforschte ich mein Innerstes, schenkte dem Thema jede Menge Aufmerksamkeit. Aber nichts. Weit und breit keine Antwort. Nur abgrundtiefes Schweigen.

Es war mir unerklärlich. Irgendetwas raubte mir die Luft, verschlug mir förmlich den Atem, und ich kam nicht darauf, was es sein könnte. Hilflos stand ich mir selbst gegenüber. Zutiefst verunsichert und zutiefst beunruhigt, weil im Lauf der Zeit auch noch üble Stimmungsschwankungen hinzukamen, und das mit einer Heftigkeit und Häufigkeit, wie ich sie lange nicht erlebt hatte.

Immer öfter sprach ich im Freundeskreis über das Thema »Atem«. Atem hat etwas mit Freiheit zu tun, erfuhr ich. Ja, und? Brachte mich das weiter?

Da ich als Literaturwissenschaftlerin davon überzeugt bin, dass von guten Worten eine gute Wirkung ausgeht, verordnete ich mir – neben regelmäßigen Entspannungsübungen, die ich mittlerweile machte – eine Portion Poesie. Lyrische Lebenshilfe sozusagen. Und ich wählte, was naheliegend war, Goethes berühmtes Gedicht von den »zweierlei Gnaden«:

> *Im Atemholen sind zweierlei Gnaden:*
> *Die Luft einziehen, sich ihrer entladen;*
> *Jenes bedrängt, dieses erfrischt;*
> *So wunderbar ist das Leben gemischt.*
> *Du danke Gott, wenn er dich presst,*
> *Und dank ihm, wenn er dich wieder entlässt.*

Ich las das Gedicht so oft, dass ich es bald schon auswendig aufsagen konnte. Und siehe da, die Verse wirkten anregend und inspirierend auf mich. Denn sie führten dazu, dass ich meinem Atem gegenüber aufmerksamer und achtsamer wurde, seinem Tempo und seinem Rhythmus nachspürte, seinem unermüdlichen Kommen und Gehen. Was im Umkehrschluss hieß, dass ich auch mir selbst gegenüber achtsamer und aufmerksamer wurde.

Goethe beim Wort nehmend, begann ich damit, meinem Schöpfer für dieses wunderbare Geschenk zu danken. Atem ist Leben und Leben ist Atem, ist ein Geschehen, »in dem ich mich rhythmisch ereigne«, wie es bei Rilke heißt. Mir fiel auf, dass der Atem, dieses Sinnbild des Lebens, mit Polarität zu tun hat. Ohne Einatmen kein Ausatmen. Ohne Spannung keine Entspannung. Ohne Leere keine Fülle. Das eine ohne das andere unmöglich. Das Leben demnach ein ewiger Wechsel, ein Spiel der Gezeiten, zweierlei Gnaden eben.

Da mir die poetische Beschäftigung mit meinem Atem wohltat, schaute ich mich schon bald nach neuen luftigen Worten um, stöberte in meinem Bücherregal herum und machte schließlich eine Entdeckung bei Rose Ausländer. »Im Atemhaus«, so der Titel eines Gedichts, das mir großartig zu passen schien.

Im Atemhaus

Unsichtbare Brücken spannen
von dir zu Menschen und Dingen
von der Luft zu deinem Atem

Mit Blumen sprechen
wie mit Menschen
die du liebst

Im Atemhaus wohnen
eine Menschblumenzeit

Das Wort »Atemhaus« gefiel mir. Nie zuvor hatte ich darüber nachgedacht, dass die Luft, die uns umgibt, dieses unsichtbare, vorzügliche Element, eine Art Haus sein könnte. Atemluft, die alles mit allem verbindet, die Beziehungen herstellt, unsichtbare Brücken spannt, von Mensch zu Mensch, von Tier zu Tier, von Pflanze zu Pflanze und immer so weiter – bis sie am Ende die ganze Schöpfung in einem riesigen Haus miteinander vereint. Atmend also sind wir in Kontakt mit der ganzen Welt. Atmend findet Berührung statt. Ein wirklich schöner Gedanke – der mich aber auch nicht weiterbrachte.

Zeit verging. Langsam geriet ich in Panik. Denn nach wie vor stellte ich mich so seltsam ungeschickt an. Und nach wie vor litt ich unter dieser verstörenden Atemlosigkeit und den Stimmungsschwankungen. Hinzu kam, dass ich bei allem, was ich tat, auf einmal das Gefühl hatte, mich beeilen zu müssen. Dabei gab es keinen Grund zu ständiger Eile, nichts und niemand hetzte mich, außer ich selbst eben. Und das tat ich gut.

Zum Glück mischte sich der Zufall, dieser göttliche Spaßvogel, in mein Leben ein. Weil mir – was nicht weiter verwunderlich war! – beim Aufräumen eines Schranks ein Karton aus der Hand gefallen war, hatte ich Fotos aufsammeln müssen, jede Menge über den Boden verstreute Fotografien. Dabei war ich auf eine Schwarz-Weiß-Aufnahme aus Kindertagen gestoßen. Kopf an Kopf hockte ich neben meinem Bruder im Sand, hielt ein Brennglas in der Hand, geduldig wartend, dass die Strahlen der Sonne es endlich schaffen würden, das Stückchen Papier zu unseren Füßen zu entzünden.

Je länger ich das Foto betrachtete, umso klarer war die Botschaft, die ich darin entdeckte: Kräfte bündeln ... Zentrieren ... Geduld haben. Und mir fiel ein, was meine Hausärztin mir beim Abschied gesagt hatte: Ich solle mir eine Atempause gönnen.

A t e m p a u s e. Eine Empfehlung, über die ich bisher nicht weiter nachgedacht hatte. Jetzt war das anders. Jetzt gab ich ihr Recht. Ja, ich brauchte eine Pause zum Atmen. Eine Verschnaufzeit. Eine Auszeit. Und ich wünschte mir einen Ort der Beruhigung, der Langsamkeit. Einen Ort, der im Gegensatz zu mir über einen langen Atem verfügte.

Einen Ruhestifter sozusagen, der mir die Möglichkeit schenken würde, in aller Seelenruhe auf die Stimme meines Körpers zu hören. Denn dass er mir etwas zu sagen hatte, davon war ich überzeugt.

Führe mich auf einen hohen Felsen
und schaffe mir Ruhe.

PSALM 61

»Führe«, heißt es so schön in diesem Psalm. Aber ich ließ mich nicht führen. Trotz meiner Entschlossenheit, mir eine Ruhepause zu gönnen, dauerte es noch eine geraume Zeit, bis ich meine Idee endlich in die Tat umsetzte.

Unglaublich geradezu, wie Theorie und Praxis im Leben auseinanderklaffen können. Obwohl wir genau wissen, was uns guttun würde, tun wir es nicht. Überhören die Ratschläge von Ärzten und guten Freunden, und, was das Schlimmste ist, überhören die Stimme, die in uns selbst spricht. Jene leise Weisheitsstimme, die nichts anderes als unser Wohlbefinden, unser seelisches Gleichgewicht im Auge hat. Gerade wenn wir in eine emotionale oder körperliche »Schieflage« geraten sind, sollten wir tief und immer noch tiefer in uns hineinhorchen, um diese so wichtige Stimme zu vernehmen. Aber genau das tat ich nicht. Stattdessen fand ich immer neue Gründe, warum es mir gerade jetzt nicht möglich war, eine Auszeit zu nehmen. Warum ich gerade jetzt nicht in der Lage war, mich aus meinem Alltag zurückzuziehen, um mich in aller Ruhe um mein »Atemhaus« zu kümmern.

Als wolle mich das Leben an meinen guten Vorsatz erinnern, überraschte es mich eines schönen Tages mit einer genauso schönen Entdeckung: Bei einem Stadtbummel fiel mir ein Buch ins Auge, das ich unbesehen mitnahm. Aus dem einfachen Grund, weil mir der Titel so gut gefiel: »Kraft der Stille«, las ich im Vorübergehen. Freundlicher Zufall? Glücklicher Umstand? Ich weiß es nicht. Aber vielleicht ist es auch gar nicht so wichtig, immer genau zu wissen, warum etwas passiert. Vielleicht ist es viel wichtiger, sich vom Leben beschenken zu lassen. Das Herz zu öffnen und sich überraschen zu lassen.

Noch am Abend begann ich in dem Buch zu lesen. Besser gesagt, ich begann, darin herumzublättern. Denn ohne es zu merken, hatte ich einen Bildband gekauft. Ich staunte nicht schlecht, mit welch unglaublicher Geduld das Buch über viele Seiten hinweg Orte der Stille zeigte. Klöster, die in »rauschender Einsamkeit« lagen, Räume und Gärten in zauberhaftem Licht, und immer wieder die Gemeinschaft der Ordensleute, die sich hinter mächtige Klostermauern zurückgezogen hatten.

Mehrere Tage hintereinander saß ich an meinem Schreibtisch und stöberte in dem Buch herum. Dabei hatte ich das Gefühl, in die Bilder, die wie im Schneckentempo an mir vorüberkrochen, regelrecht einzutauchen. Ich bewunderte das konzentrierte Arbeiten der Mönche und Schwestern, die »wache Aufmerksamkeit ihres Herzens«. Unglaublich, mit welcher Sammlung, welcher Sorgfalt sie jeden ihrer Handgriffe verrichteten. Ganz egal, ob in der Kirche, in der Küche, im Arbeitszimmer oder im Garten. Auch bewunderte ich die Andacht, die Versunkenheit, mit der sie beteten. Nirgendwo Hetze. Nirgendwo Hektik. Ich kam aus dem Staunen nicht mehr heraus. Und ich hatte das Gefühl, die Anwesenheit Gottes, seinen langen Atem in diesen Bildern des Friedens zu entdecken. Vor allem in den Gesichtern der portraitierten Menschen, die allesamt aussahen, als hätten sie nichts als Meeresstille im Herzen.

Die Impressionen dieses Buches begleiteten mich in den nächsten Tagen wie herrenlose Hunde, verfolgten mich auf Schritt und Tritt. Und da sie sich mit nichts vertreiben ließen, verfehlten sie ihre Wirkung nicht. Ganz plötzlich sehnte ich mich nach einer stillen, kontemplativen Zeit. Einer Zeit, in der sich mein Blick in aller Ruhe nach innen richten konnte. Weg von der Oberfläche, weg von allem Oberflächlichen.

Nun muss ich dazusagen, dass ich seit meinem Umzug aus der Großstadt tatsächlich in einer Gegend lebte, in der ich von gleich mehreren Klöstern umgeben war. Und je länger ich darüber nachdachte, desto mehr schien mir ein Kloster der richtige Ort zu sein. Perfekt geradezu.

Mein gesamter großstädtischer Freundeskreis befand mich als von allen guten Geistern verlassen. Es störte mich nicht weiter. Das Kloster wurde mein erklärter Sehnsuchtsort. Genau dort wollte ich hin. Still werden. Abstand gewinnen. Eine andere Perspektive bekommen.

Viele Jahre später übrigens ist meine Sehnsucht durch einen Kinofilm noch einmal zu neuem Leben erweckt worden. »Die große Stille«, eine mehrfach preisgekrönte Dokumentation, die über zwei Stunden hinweg vom Alltag in einem Schweigeorden, dem Kartäuserkloster »La Grande Chatreuse«, erzählt. Ein Film, der ganz ohne Worte und ganz ohne Musik auskommt. Und den ich gemeinsam mit nur sieben Leuten in einem riesengroßen Kino gesehen habe. Eine große Leere und eine große Stille also.

Von dem Philosophen Peter Wust stammt das schöne Wort: »Was ist Sehnsucht anderes als Liebe?«. Dass es »Liebe« war, die mich in jener atemlosen Zeit umtrieb und antrieb, gefiel mir. Und so ließ ich mich von diesem instinktiven Gefühl leiten und machte mich auf den Weg in meine eigene, ganz persönliche »große Stille«.

Das Kreuz steht,
während die Welt sich dreht.
LEITSPRUCH DER KARTÄUSER

Es war Ende Herbst, der Himmel schlehenblau und die Tage mild und wie aus Farben und Düften gewebt, als ich aus dem Rummel meines Alltags ausscherte und in die Stille, diese »Sanfte«, wie Hölderlin sie nennt, diese »Freudengeberin« eintauchte. Für mich, die ich an ein gutes Pensum Ruhelosigkeit gewöhnt war, eine echte Herausforderung.

Zum ersten Mal in meinem Leben betrat ich ein Kloster und meldete mich für Exerzitien, also für geistliche Übungen an. Und ich beschäftigte mich, wie es uns empfohlen wurde, gleich am ersten Abend mit der Bibel. Kopf ausschalten, Herz einschalten, sagte ich mir und las das Markusevangelium, einfach so, weil ich es zufällig aufgeschlagen hatte. Zwei Worte aus der Heilungsgeschichte eines Taubstummen beeindruckten mich besonders. Zwei einfache, schlichte Worte, die zu meiner Situation zu passen schienen. »Öffne dich!« (Markus 7,34), sagt Jesus zu dem Kranken. Und genau das war es, was ich wollte. Mich öffnen, durchlässig werden für das, was Seele und Körper mir mitzuteilen hatten.

Ich erfuhr, dass während der ganzen Zeit meiner Exerzitien die Möglichkeit der Anbetung in der Klosterkapelle bestand. »Anbetung«, ein Wort, mit dem ich nicht viel anfangen konnte. Schließlich kam ich aus einem streng atheistischen Elternhaus. Noch nicht einmal Religionsunterricht hatte ich genossen. Trotzdem hörte ich interessiert zu. Wer sich »gerufen« fühle, so hieß es, sei eingeladen, in die Kapelle zu gehen. Aber niemand solle sich zu diesem Schritt verpflichtet fühlen oder gar zwingen. Die Anbetung sei ein Angebot. Nicht mehr und nicht weniger.

Mitten in den Exerzitien passierte dann, womit ich nicht im Entferntesten gerechnet hatte. Ich verspürte tatsächlich das Bedürfnis, in die Kapelle zu gehen. Aus Interesse? Aus Neugier? Ich weiß es nicht. Auf jeden Fall folgte ich meinem Impuls, begleitet allein von meiner Verblüffung und meinen Zweifeln. Kaum aber hatte ich die Kapelle betreten, spürte ich, dass es gut war, hierhergekommen zu sein. Unwillkürlich hielt ich den Atem an. Welch eine Atmosphäre! Welch ein erstaunliches Gefühl von Geborgenheit! Ich war allein. Um mich herum nichts als Stille und das warme Licht einiger Kerzen. Ein tiefer Zauber erfüllte den Raum, in dem das Gold der Monstranz, diesem Gegenstand hingebungsvoller Versenkung, geheimnisvoll erstrahlte. Die Hände im Schoß gefaltet saß ich da und ließ alles auf mich wirken. Dabei hatte ich es erstaunlicherweise gar nicht eilig, die Kapelle wieder zu verlassen. Ganz im Gegenteil. Ungeachtet meiner inneren Unruhe spürte ich doch eine gewisse Zufriedenheit, ja, ein leises Glück darüber, mich auf den Weg gemacht zu haben und hier zu sein.

Warten. Erwarten. Manchmal ist es gut, Dinge einfach nur geschehen zu lassen. Vertrauen zu haben und eine große Portion Geduld. Vertrauen, dass das, was gerade passiert, gut für uns ist. Gut und richtig. Auch wenn wir beim besten Willen nicht sagen können, warum.

Ich schloss die Augen und lauschte in die Stille hinein. Es dauerte eine Weile, bis es auch in mir ein wenig stiller wurde. Der innere Friede wollte sich trotz des äußeren Friedens partout nicht einstellen. Die zwei Worte aus dem Markusevangelium fielen mir wieder ein und auch Goethes Gedicht von den zweierlei Gnaden. Und während mein Atem sich langsam, ganz langsam beruhigte, begann ich spontan zu danken, wie der Dichter es empfiehlt. Ich zählte wahllos auf, was mir einfiel, was mir so alles in den Sinn kam. Dankte für mein Leben, meine Familie, meinen inspirierenden Freundeskreis, für die intellektuellen Gaben, die ich mitbekommen hatte, für jedes Glück, jedes Lächeln, die Schönheit der Welt … und am Ende auch für die Luft, die uns alle umgibt und durchströmt, die jedes Lebewesen, jede Pflanze auf diesem Planeten atmen lässt.

Danken und Denken – zwei Worte, die eng miteinander zusammenhängen. Dankend aber dürfen wir dem Kopf erlauben, das Denken vorübergehend getrost dem Herzen zu überlassen. Am Schluss meiner Aufzählung schließlich formulierte ich eine Bitte, die wie ein riesengroßer Seufzer klang:

Herr,
schenk mir den Mut,
mein Herz für das zu öffnen,
was ich wissen muss.
Mach mich durchlässig.

Gleich am nächsten Morgen begann ich damit, mein Leben etwas genauer unter die Lupe zu nehmen. Schließlich machte ich diese Exerzitien, um mir selbst auf die Spur zu kommen. Also suchte ich Antworten auf folgende Fragen:

Wann hatte ich die Atemnot zum ersten Mal gespürt? Was war damals vorgefallen? Wie hatte ich mich gefühlt?

Meine Fantasie ging auf Reisen. Erinnerungen meldeten sich zu Wort. Erinnerungen, wie das Wort es bereits andeutet, haben mit unserem »Inneren«, unserer Tiefe zu tun. Sich erinnern heißt also, in die eigene Tiefe hinabzusteigen und sich die Bilder anzuschauen, die dort schlummern.

Mir fiel auf und ein, dass ich nach dem Tod meines Vaters schon einmal unter Atemproblemen gelitten hatte. Allerdings weniger massiv als im Moment und auch nicht so anhaltend. Ich war 26 Jahre alt und hatte gerade meine Magisterarbeit angemeldet, als die Nachricht seines Todes mich wie ein Schlag aus dem Nichts traf. Das Examen hatte ich vertagt, mir stattdessen »Urlaub vom Leben« genommen. In jener traurigen und tränenreichen

Zeit hatte ich mich in einer Schule für Autogenes Training angemeldet. Das Erlernen dieser gezielten Entspannung hatte mir gutgetan, genauso wie mir die Fantasiereisen gefallen hatten, die wir unter Anleitung unseres Lehrers unternahmen. An eine dieser Visualisierungen erinnerte ich mich plötzlich besonders gut: Im Zustand tiefster Entspannung hatten wir uns unser ganz persönliches Haus vorstellen sollen. Mein Haus, ich sah es noch genau vor mir, war ein Holzhaus gewesen, eine Art Schweizer Chalet in den Bergen. Sehr hübsch anzuschauen. Irritierend allein der Dachboden, ein großer, heller Raum, den ich voller Schwarz-Weiß-Fotos gesehen hatte, die allesamt ordentlich an Leinen aufgehängt waren, wie Wäsche zum Trocknen. Niemand aus der Gruppe hatte beim anschließenden Gespräch mit diesem Dachboden, diesem Speicher voller Bilder etwas anfangen können. Ich selbst schon gar nicht. Erst viel später ist mir bewusst geworden, was es mit dieser Nachricht aus meinem Unterbewusstsein auf sich hatte.

Während ich im Schatten der Klostermauern über den Tod meines Vaters nachdachte, fiel mir auf, dass die Enge in der Brust damals mit dem Gefühl von Angst und Beklemmung zu tun gehabt hatte. Der Angst nämlich, wie alles weitergehen sollte ohne ihn. Ich fragte mich, ob es auch in meiner jetzigen Situation etwas gab, was mir Angst einflößte. Aber mir fiel nichts ein. Dafür kam mir eine Situation in den Sinn, die mich vor gar nicht langer Zeit extrem unangenehm berührt hatte. Und obwohl mir die Erinnerung an diesen Vorfall seltsam und unverständlich war, beschäftigte ich mich weiter damit, schließlich war es etwas, was aus meiner eigenen Tiefe aufgestiegen war.

Es war während eines Seminars, das ich leitete. In die friedliche Atmosphäre hinein hatten zwei Teilnehmerinnen plötzlich angefangen, sich laut und heftig über ein geöffnetes Fenster zu streiten. Die Aggression der beiden Frauen, die in keinem Verhältnis zum Anlass stand, schockierte mich total. Und obwohl ich normalerweise nicht auf den Mund gefallen bin, hatte ich kein Wort herausgebracht in dieser Situation und mich extrem unwohl und »eng« gefühlt. Auch hatten mich die Streitenden bis in meine Träume hinein verfolgt, wo sie sich allerdings in zwei Seelen verwandelten, zwei Seelen, die in meiner Brust auf das heftigste miteinander gerungen hatten. Wie sich später herausstellte, hatte auch dieses Bild der zerrissenen Seele, genau wie die Fotos auf dem Speicher, mit jener Erfahrung zu tun, von der ich damals noch nichts ahnte.

Zu den streitenden Seelen in meiner Brust fiel mir deshalb nur meine Großmutter ein. Zwei Jahre vor dem Tod meines Vaters war sie schwer erkrankt. Ich war Studentin damals und fuhr Tag für Tag mit dem Fahrrad zur Universität. Auf dem Weg dorthin hatte ich sie besucht, die einst so kräftige Frau vom

Land, die ein lang verschwiegenes, bösartiges Krebs-leiden zu uns in die Großstadt gezwungen hatte. Die Besuche waren nicht ganz freiwillig. Meine Eltern, die beruflich sehr eingespannt waren, hatten mich darum gebeten. Schließlich lag die Uniklinik auf meinem täglichen Weg.

In meiner Erinnerung sah ich wieder die langen Flure vor mir, die kahlen, weißen Wände, roch das Zimmer, das ich nur so widerwillig betreten hatte. Dieses Zimmer, in dem kaum Luft zum Atmen ge-wesen war, nur drei schwerkranke alte Frauen und der schwarze, verfaulte Bauch meiner Großmut-ter, bei dessen Anblick ich schlichtweg umgefallen war.

Bei der Erinnerung an diese Besuche musste ich plötzlich weinen. Was heißt weinen, ich saß im Kloster und heulte wie ein Schlosshund, heulte und heulte und heulte ... Alles war so lebendig in mir. Noch einmal saß ich am Bett meiner Großmutter, streichelte ihre Hände, sah die Todesangst in ihren Augen, ihre Verzweiflung, spürte meine eigene Hilf-losigkeit, meine Unfähigkeit, ihr Trost zu spenden, spürte unsere gemeinsame Verlassenheit in diesem schrecklichen Zimmer. Damals hatte ich mit kei-nem Menschen über das alles geredet. Schweigsam, verschlossen wie eine Auster war ich gewesen. Im Stillen, im Verborgenen hatte ich gelitten, wie ei-gentlich immer in meinem Leben. Denn so war ich erzogen worden, genau so war es mir eingehämmert worden: *Über Gefühle redet man nicht! Wie es drinnen aussieht, geht niemanden etwas an! Hörst du? Niemanden!*

Da ich fürchtete, von meiner Vergangenheit regelrecht überschwemmt zu werden, meldete ich mich im Kloster zu einem geistlichen Gespräch an. Das Angebot bestand zum Glück und ich nahm es dankbar an. Etwas zur Sprache zu bringen heißt, etwas in Bewegung, etwas auf den Weg zu bringen. Reden hilft. Reden schafft Klarheit. Gerade wenn es um Gefühle geht, die wie aus der Versenkung auftauchen, uns regelrecht überfallen.

Und obwohl ich gedacht hatte, ich würde der Ordensschwester mit den freundlichen, so gütigen Augen von meiner Traurigkeit aus jener Zeit erzählen, klangen meine Worte schon bald mehr nach Zorn als nach Tränen. Ein Zorn offensichtlich, der in all den Jahren nicht verpufft war. Und je mehr ich erzählte, umso zorniger wurde ich, beschimpfte meine Eltern, mich in jenen Tagen schändlich im Stich gelassen zu haben, beschuldigte sie, sich feige aus der Verantwortung gestohlen zu haben. Ich solle meinem Zorn nur ordentlich Luft machen, sagte mein Gegenüber. Ein Satz, eine Formulierung, die mich wie ein Donnerschlag traf: sich Luft machen, indem man herauslässt, was in der Tiefe rumort, indem man ausspricht, was dort lange schon vor sich hin brodelt. Sich Luft machen ... Sich Luft machen ...

Am Ende des Gespräches bekam ich ein Bibelwort mit auf den Weg. Es lautet:

Ihr werdet Ruhe finden für eure Seele.
MATTHÄUS 11,30

Ruhe aber fand ich zuerst einmal nicht. Aus den Exerzitien in meinen Alltag zurückgekehrt, hatte ich das Gefühl, dass sich meine Lage nicht sonderlich verbessert hatte. Zum einen bekam ich immer noch schlecht Luft, zum anderen drängte sich meine Vergangenheit nach wie vor in meine Gegenwart. Und innerlich ruhiger war ich auch nicht geworden.

Zeit verging. Im Frühjahr fiel mir das Gedicht vom »Atemhaus« wieder in die Hände, diese luftigen Verse, in denen sich Brücken von Mensch zu Mensch spannten, Beziehungen wie Blumen blühten. Auch geisterte mir, nachdem ich Mozarts ergreifendes Requiem gehört hatte, tagelang das »Dies irae« im Kopf herum, was übersetzt »Tag des Zorns« heißt.

Spontan beschloss ich, das Grab meiner Eltern zu besuchen. Obwohl ich nicht so recht wusste, was ich dort eigentlich wollte, machte ich mich eines Morgens auf den Weg, fuhr immerhin zweihundert Kilometer, um ihnen Blumen zu bringen. Aus dem ersten Friedhofsbesuch wurde noch ein zweiter und ein dritter. Und jedes Mal stand ich am Grab, keine Menschenseele weit und breit, nur

Vogelgezwitscher, und schimpfte und weinte und formulierte meine Vorwürfe, meine Enttäuschung aus längst vergangener Zeit. Die Worte der freundlichen Ordensschwester noch im Ohr, ließ ich alles das heraus, was so »luftdicht« in mir verschlossen war. Diese Besuche am Grab meiner Eltern erlebte ich als extrem wichtig für mich. Wie sich später herausstellte, waren sie ein erster Schritt auf einem sehr heilsamen Weg. Einem Weg allerdings, der viel länger dauern sollte, als ich es damals für möglich gehalten hätte.

Fest steht, nicht lange nach diesen hochemotionalen Ausbrüchen auf dem Friedhof tat der Himmel ein leises Wunder an mir. So plötzlich, wie meine Atemnot aufgetaucht war, so plötzlich verabschiedete sie sich auch wieder, löste sich buchstäblich in Luft auf. Es war, als hätte sich über Nacht eine Tür geöffnet, die mir den Weg ins Weite wies. Dorthin also, wo mein Atem mir wieder leicht fiel.

In einem Gedicht von Gottfried Keller heißt es: »Ein Tag kann eine Perle sein und ein Jahrhundert nichts.« Ich glaube tatsächlich, dass es solch wertvolle, solch glänzende Tage in unserem Leben gibt. Tage, an denen wir spüren, dass wir auf dem Weg zu uns selbst ein Stück vorangekommen sind. Wandlungstage. Tage, an denen wir den Boden für neues Wachstum ebnen. Genau das war passiert. Ich hatte den Boden geebnet. Allerdings war der Weg auf diesem geebneten Boden noch ein weiter.

Herzensgespräche

Gib Worte deinem Schmerz. – Gram, der nicht spricht,
presst das beladene Herz, bis dass es bricht.

WILLIAM SHAKESPEARE

Bevor ich meine eigene Geschichte weitererzähle, möchte ich in diesem Kapitel gern über die befreiende Wirkung von Worten reden. Denn genau diese Wirkung durfte ich später am eigenen Leib erfahren.

Worte können heilsam sein wie gute Medizin. Vor allem in Krisenzeiten. Dann also, wenn wir seelisch aus dem Gleichgewicht geraten sind. Gerade in diesen Zeiten, diesen emotionalen Schieflagen kann es guttun, einem anderen sein Herz auszuschütten. Es vertrauensvoll in die Hand zu nehmen und kräftig auszuschütteln, wie die Federbetten im Märchen der Frau Holle, damit der Schmerz herausfallen kann. Herzensgespräche nenne ich das. Und ich beginne sie gern mit einem stillen Gebet, mit der Bitte um Öffnung. Wem das nicht liegt, der kann natürlich auch ohne Gebet beginnen, mit Worten, die von Herzen kommen. Um einem körperlichen Symptom, einem seelischen Schmerz auf die Spur zu kommen, ist es wichtig, zuerst einmal Ideen zu sammeln. In dem Gedicht »Das Geheimnis ist endlich gelüftet« von W. H. Auden heißt es:

Hinter dem pochenden Kopfschmerz,
dem Seufzer, dem müden Gesicht
liegt immer noch etwas verborgen,
und es scheut
wie der Teufel das Licht.
...
Immer gibt es ein dunkles Geheimnis,
das offenbart werden muss.

Um diese »dunklen Geheimnisse« zu lüften, ist es wichtig, der eigenen Intuition zu vertrauen, jener Weisheitsstimme in uns, die gerade in Krisenzeiten so viel klüger ist als unser Verstand. Also: Ideen sprudeln lassen. Was fällt mir zu meiner momentanen Situation ein? Was verschlägt mir den Atem, raubt mir die Konzentration, lässt mich ständig müde oder meinen Nacken permanent verspannt sein? Was macht mir das Herz so schwer, dreht mir den Magen herum, lässt meinen Kopf schmerzen?

Im Anschluss daran heißt es, gemeinsam zu versuchen, Verborgenes ans Licht zu locken: Welches Thema berührt und bewegt im Moment ganz besonders? Gibt es so etwas wie einen emotionalen Dauerbrenner? Einen schwelenden Konflikt? Reizwörter, die für Aufregung sorgen?

Herzensgespräche, das heißt in erster Linie: achtsam reden. Aufmerksam zuhören. Nun höre ich schon den Einspruch, solcherart feines Gespür sei nicht jedem gegeben. Aber keine vorschnellen Urteile! Ich bin fest davon überzeugt, dass wir alle viel sensibler, viel feinfühliger und hellhöriger sind, als wir es gemeinhin vermuten. Vor allem dann, wenn es darum geht, einem Nächsten zu helfen. Zuzuhören und sich einander zuzuwenden ist weniger eine spezielle Kunst als vielmehr Ausdruck gelebter Menschenliebe.

Eine Freundin von mir, die nach dreißig Jahren Ehe von ihrem Mann verlassen worden war, erzählte mir eines Tages, nach einem Restaurantbesuch ihr Auto nicht wiedergefunden zu haben. Sie war völlig außer sich, ereiferte sich in epischer Breite und schüttelte nach wie vor fassungslos über ihr Missgeschick den Kopf. Natürlich habe ich mich gefragt, was an diesem Vorfall so wichtig war, dass sie von nichts anderem erzählen mochte. Und es war vor allem ein Satz, der mich aufhorchen ließ. Die aufgebrachte Frage nämlich, die sie sich an jenem Unglücksabend gleich mehrfach stellte: »Wo stehe ich denn eigentlich?« Genau das war es, worum es tatsächlich ging! Genau das war ihr Thema. Nicht die Suche nach dem Auto, vielmehr die Suche nach sich selbst. Durch die Trennung von ihrem Mann war sie aufgefordert, sich ganz neu zu positionieren. Und so kamen wir über das Auto auf ihre momentane Situation zu sprechen und damit auf ihre Ängste und ihre Möglichkeiten, einen Platz in ihrem neuen Leben zu finden.

Herzensgespräche. Ein Ich und ein Du. Eine Begegnung von Mensch zu Mensch. Wer sich mit allen Sinnen einlässt auf dieses Miteinander, wer neben dem Verstand auch das Herz einschaltet, der nimmt Dinge wahr, die er ansonsten nicht wahrnehmen würde. Die Modulationen der Stimme zum Beispiel, die Nuancen von Laut und Leise, die gehäufte Nennung eines Namens oder die Betonung eines Wortes, die Mimik, die Gestik ...

Auffällig auch, wenn jemand mitten im Erzählfluss plötzlich nicht mehr »ich« sagt, sich vielmehr ins unpersönliche »man« zurückzieht, sich hinter diesen drei Buchstaben förmlich versteckt. Fast immer lohnt ein Nachfragen an dieser Stelle. Fragen sind ein wunderbares Mittel, um Prozesse voranzutreiben. Aber Vorsicht! Keinen Druck ausüben. Nicht an geschlossenen Türen rütteln. Manche Antworten brauchen Zeit. Viel Zeit. Weshalb diese Gespräche sogar ein längeres Schweigen vertragen.

Auch Versprecher können ein Hinweis darauf sein, wo ein persönliches Problem, wo ein Schmerz sitzt. Ich bin einmal in einem Café mit einer älteren Dame ins Gespräch gekommen. Einer aristokratisch wirkenden, vornehm gekleideten Person, die sich zu mir an den Tisch setzte und genauso bedächtig sprach, wie sie ihren Kuchen aß. Sie erzählte mir von ihrer verstorbenen Schwester, einer Musikerin, die sie allem Anschein nach sehr geliebt und bewundert hatte. Obwohl die Dame jedes ihrer Worte gut abzuwägen schien, rutschte ihr dennoch ein interessanter Versprecher heraus. Anstelle von: »Meine Schwester und ich waren ein Herz und eine Seele« sagte sie: »Meine Schwester und ich waren ein Schmerz und eine Seele.« Und tatsächlich stellte sich im Lauf unseres Gesprächs heraus, dass sie unter der so bewunderten Schwester auch gelitten hatte, weil sie lange Zeit das Gefühl nicht losgeworden war, ständig im Schatten der Hochbegabten zu stehen. Ein Schmerz, der sie offensichtlich nie ganz verlassen hatte.

Herzensgespräche. Gespräche, in denen es um Einfühlen und Mitfühlen geht, nicht jedoch um vorschnelles Diagnostizieren. Selbst wenn wir bereits nach kurzer Zeit ahnen, was unser Gegenüber aus dem seelischen Gleichgewicht gebracht haben könnte, kein erhobener Zeigefinger, kein Bescheid- und Besserwissen. Vielmehr geduldig zuhören. Geburtshelfer sein. Die Geburt aber niemals selbst übernehmen.

Manchmal kann es gut sein, das Gehörte mit eigenen Worten zu wiederholen, um herauszufinden, ob wir den anderen auch wirklich richtig verstanden haben. Wir müssen auch in diesen Gesprächen nicht alles auf einmal klären. Nicht endlos lang, lieber mehrmals reden. Es gibt Themen – diese Erfahrung habe ich zumindest gemacht –, die kennen jede Menge Variationen. Und deshalb dürfen wir sie wie eine gute Melodie auch immer wieder neu anstimmen.

Ich weiß nicht, wie oft ich mit meiner Jugendfreundin über das Thema »Mütter« gesprochen habe. Am Ende war es die Wiederholung ... der Wiederholung ... der Wiederholung. Und doch: Jedes Mal aufs Neue stellten unsere Gespräche – für die ich heute noch zutiefst dankbar bin! – eine behutsame Annäherung an ein wichtiges Thema in dieser Lebensphase dar. Im Nachhinein erinnern sie mich an die Wipp-Künste im Stadtpark. »Abstürze«, im ständigen Wechsel: Mal war die eine unten, dann die andere. Und doch halfen wir uns gegenseitig immer wieder auf. Durch aufmerksames Zuhören, Trostspenden, Verständnis und Aufmunterung. Durch spürbare Gemeinschaft eben, menschliche Wärme und Nähe.

Ich habe einmal während einer Christmette eine brennende Kerze in der Hand gehalten wie alle anderen Besucher des Gottesdienstes auch. Der einzige Unterschied: Meine Kerze brannte bedeutend schneller herunter als die der anderen. Schlechtes Omen, schoss es mir spontan durch den Kopf. Bis jemand aus der Reihe hinter mir flüsterte: »Na, Sie haben ja ein Feuer! Beneidenswert!«

Herzensgespräche können helfen, neue Blickwinkel zu entdecken, andere Sichtweisen zu erkennen, können helfen, der Einseitigkeit der eigenen

Beurteilung zu entkommen und neue Akzente zuzulassen. Das Wort »Einseitigkeit« bringt es auf den Punkt: Eine Seite hat Übergewicht. Ins Gleichgewicht aber kommen wir erst, wenn wir bereit sind, ausgleichend tätig zu sein, uns auch der anderen Seite zu öffnen, auch ihr Gewicht beizumessen. In dem Moment, da wir uns durch die Einmischung eines anderen von der eigenen, eingeschworenen Perspektive distanzieren, können wir Dinge in einem anderen Licht sehen. Was oftmals erstaunlich wohltuend ist.

Herzensgespräche. Für mich gehören sie zu den schönsten und kostbarsten Geschenken, die wir einander machen können.

Atemlos II.

oder:

Von der Atemnot des Herzens

> Wenn der Tod die einzige Lösung ist,
> befinden wir uns nicht auf dem richtigen Weg.
>
> ALBERT CAMUS

> ... ins Leben, ins Leben erlöst.
>
> RAINER MARIA RILKE

Die Freude über meinen wiedergefundenen Atem hielt nicht lange an. Leider. Eine Handvoll glücklicher Frieden war es gewesen. Mehr nicht. Bereits wenige Monate nach meiner »Spontanheilung« durch die Friedhofsgespräche mit meinen Eltern meldete sich die Enge in meiner Brust zurück. Und mit ihr auch die Unruhe, dieses Umtriebige und Zerstreute. Ich war fassungslos, wollte es nicht wahrhaben. Wieder versank ich in Grübeleien, fragte mich, ob es erneut unterschwelliger Zorn war, der mich krank machte. Wo, in Gottes Namen, war der Fehler im System? Wo lag die Störung?

Natürlich durchleuchtete ich zum wiederholten Male meinen Lebensstil. War ich überarbeitet, überanstrengt durch meine vielen Termine, fehlte es mir an Schlaf, ernährte ich mich falsch? Fragen über Fragen. Aber keine einzige, die ich mit einem eindeutigen Ja beantworten konnte.

Ich war ratlos, zutiefst ratlos. Und ich war rastlos. Vom Schreibtisch zog es mich ständig ins Freie hinaus, wo ich auf ausgedehnten Spaziergängen das »süße Gespräch« mit der Seele suchte, wie es bei Jean Jaques Rousseau heißt. Aber im Gegensatz zu ihm, dem wohl berühmtesten Spaziergänger in der Literatur, kamen mir beim Laufen keine großen Erkenntnisse. Ganz im Gegenteil. Je mehr ich lief, umso mehr drehten sich meine Gedanken im Kreis.

»Wovor läufst du eigentlich davon?«, fragte mich eine Freundin eines Tages am Telefon. Die Frage empörte mich so sehr, dass ich regelrecht nach Luft schnappen musste. Ich und weglaufen! Das war doch absurd! Ich war ein Bewegungsmensch, das war alles. Und Gehen zur Selbsterforschung hatte in der Philosophie schließlich eine lange Tradition! Trotzdem veranlasste mich diese achtlos hingeworfene Frage zu der Überlegung, ob meine häufigen Spaziergänge am Ende doch eine Art Fluchtversuch darstellten. Gab es berufliche oder private Auseinandersetzungen, die ich scheute? Widerstände gegenüber dem

Buch, an dem ich gerade schrieb? Oder gegenüber der Kleinstadt, in der ich mich zwar wohlfühlte, mit der ich, durch und durch Großstadtmensch, mich aber insgeheim immer noch nicht so recht angefreundet hatte?

Wieder betrachtete ich mein rühriges Leben aus der Vogelperspektive. Aber ich konnte beim besten Willen nichts entdecken, vor dem ich Reißaus nahm. Und je länger ich darüber nachdachte, je dichter das Ideengestöber in meinem Kopf wurde, umso mehr beschlich mich das Gefühl, gar nicht unbedingt wegzulaufen, vielmehr irgendetwas hinterherzulaufen, es zu verfolgen. Aber wen oder was sollte ich verfolgen?

Hinzu kam, dass eine Hundebesitzerin, mit der ich ab und zu ein Stück spazieren ging, mich eines Tages fragte, ob ich eigentlich niedergeschlagen sei, ich würde einen so bedrückten Eindruck auf sie machen. Auch darüber dachte ich nach. Bedrückte mich etwas? Tagelange Suchbewegung in meinem Kopf. Aber nein!, da war nichts Bedrückendes in meinem Leben. Zumindest konnte ich nichts entdecken. Da waren nur die ganz normalen Alltagsprobleme. Deshalb keine Luft kriegen? Doch wohl kaum.

Federleicht und unbeschwert eilten die Wochen dahin. Mir selbst allerdings war alle Leichtigkeit und Unbeschwertheit verloren gegangen. Es ging mir schlecht. Wirklich schlecht.

Um innerlich ein wenig Abstand zu meinem Problem zu gewinnen, um im wahrsten Sinne des Wortes ein wenig mehr Weite zu spüren, begann ich ein »Ich-gönn-mir-Leben-Buch« zu führen. Mangelhafte Atmung – mangelhaftes Leben, sagte ich mir, und schrieb alles auf, was mir Freude bereitete. Akribisch notierte ich jeden noch so kleinen Moment des Glücks. Auch sorgte ich in meiner Freizeit für mehr Zerstreuung und Ablenkung, ging ins Theater, in die Oper, besuchte Konzerte und Ausstellungen, traf mich in verschiedenen Städten mit verschiedenen Freunden. Dabei stellte ich fest, dass es mir doch eigentlich gut ging. Eigentlich. Aber genau da lag das Problem. Denn Feststellungen, die mit »eigentlich« beginnen, sind die gefährlichsten.

Auffällig waren meine Träume in jener Zeit. Obwohl ich immer schon, von Kindheit an, unter wiederkehrenden Alpträumen leide, quälenden Bildern, die mir die Nachtruhe rauben, traten die altbekannten Themen in ungewohnter Häufung auf. Ständig war ich eingesperrt oder irrte durch lange, menschenleere Flure. Ständig war ich von Angst getrieben und auf der Flucht. Und immer dominierte das Gefühl von Enge meine Träume, diese panische Angst, ersticken zu müssen, diese Angst, von einem Unbekannten getötet zu werden. Meine Luftknappheit wurde schlimmer. Manchmal musste ich mich regelrecht zwingen, ruhig zu atmen, weil ich das Gefühl hatte, dem Ersticken nahe zu sein.

Erneut suchte ich Ärzte auf. Und dieses Mal bekam ich tatsächlich auch eine Diagnose: Psychogenes Asthma. Ein umstrittener Begriff, wie ich heute weiß. Und doch herrschte und herrscht – unabhängig von der jeweiligen Lehrmeinung – Einigkeit darüber, dass die Psyche bei Atemwegerkrankungen eine nicht unerhebliche Rolle spielt. Mir wurde angst und bange. Denn psychogenes Asthma, so hieß es, könne sich durchaus in ein manifestes Asthma verwandeln. Natürlich fiel mir sofort die kranke Frau Müller aus Kindertagen ein, die eingebrannten Bilder ihrer Erstickungsanfälle. Wieder suchte ich Rat in Büchern. Ich erfuhr, dass in der chinesischen Medizin die Lunge als Organ des Loslassens gilt. Aber wo oder was sollte ich loslassen? Was würde mir Erleichterung bringen? Ich las, dass wir uns mit dem ersten Atemzug aus der symbiotischen Beziehung mit der Mutter lösen. Atmen heißt demnach, als unabhängiges, selbständiges Individuum leben, den Schritt aus der Abhängigkeit in die Freiheit tun. Aber was hatte das alles mit mir zu tun? Ich war doch frei. Oder etwa nicht?

Auch erfuhr ich, dass unsere Gefühle die Atmung beeinflussen. Gefühle und Atem also durchaus eine Einheit bilden. Mir fiel auf, dass selbst unsere Alltagssprache diesen Zusammenhang betont, indem wir sagen, dass wir »vor Schreck den Atem anhalten«

oder »erleichtert aufatmen«, »Angst uns die Kehle zuschnürt« oder jemand uns »die Luft zum Atmen raubt«.

Ich las viel über Lebensenergie und Lebenskraft, im Sanskrit »Prana« genannt. Erfuhr, dass eine eingeschränkte Atmung das Ergebnis zurückliegender Traumata sein könne. Aber half mir das weiter? Prana und Trauma?

Ich begann wieder Autogenes Training zu praktizieren und versuchte, mit Musik und speziellen Übungskassetten Entspannung in mein Leben zu bringen. Ich besuchte zudem einen Yoga-Kurs. Das Mantra, gemeinsam angestimmt, singe ich heute noch manchmal. Aus dem Kurs allerdings bin ich nach nur wenigen Stunden regelrecht geflohen. Weder entspannte sich meine Atmung auf der Matte, noch ließ sich das Untier Unruhe in mir zähmen. Ganz im Gegenteil: Ich bekam Kopfschmerzen, wurde spürbar nervöser anstatt gelassener. Denn bei all meinen Bemühungen meldeten sich plötzlich Erinnerungen zu Wort. Es war, als hätte ich aus Versehen eine Vergangenheitsmaschine in meinem Kopf angeworfen, die jetzt, da sie angesprungen war, nichts mehr stoppen konnte, die vielmehr unentwegt Bilder ausspuckte. Vor allem ein Kapitel meines Lebens beschäftigte mich, ein sehr trauriges, über das ich so gut wie nie mit jemandem gesprochen hatte. Ein Kapitel, das seit zwanzig Jahren in Stillschweigen gehüllt war.

Es war an einem Sonntag im Mai. Ich war sechzehn Jahre alt und hatte beschlossen, meinem Leben ein Ende zu setzen. Ich sehnte mich nach Stillstand und Ruhe, nach einschlafen und nie mehr aufwachen. Auch wollte ich keinen Montag mehr erleben müssen, nicht diesen und auch keinen anderen mehr. Nie wieder Montag, hatte ich mir geschworen, niemals wieder eine neue Woche beginnen. Denn genau das war es, wovor mir graute, dieses ständige und immer wiederkehrende »von vorn« ... Und so hatte ich mir auf einem Streifzug durch die Apotheken in unserem Viertel ein beachtliches Häuflein Schlaftabletten zusammengekauft. Schnell und auffallend mühelos war das gegangen. Keine Menschenseele hatte mich nach dem Warum gefragt, niemand sich dafür interessiert, wieso eine Sechzehnjährige Schlaftabletten braucht. Nur einer der vielen Verkäufer hatte mir beim Hinausgehen lachend gedroht, mich ja nicht umzubringen.

Damals hatte ich – genau wie jetzt, da ich mich mit dieser Atemnot herumquälte – noch keine Ahnung davon, was wirklich mit mir los war. Hatte keine Ahnung von dem, was mir in unserer Familie passiert war. Die Erinnerung an die brutalen Übergriffe meines Vaters, den jahrelangen Missbrauch, hatte ich verdrängt. All das Schreckliche, all das Unvorstellbare, hatte ich irgendwo in den Tiefen meiner Seele vergraben. Solcherart Abspaltung der unerträglichen Wirklichkeit, der nicht zu bewältigenden Erfahrung, ist nichts Ungewöhnliches, dient schlichtweg dem seelischen Überleben. Als Heranwachsende hatte ich nur gewusst, dass irgendetwas mit mir nicht stimmte, nicht in Ordnung war.

»Spieglein, Spieglein an der Wand, wer ist die Schmutzigste im ganzen Land?«

Weit und breit keine Antwort. Nur die Gewissheit: Ich bin es. Ich kann es zwar nicht sehen, aber ich kann es riechen. Dieser Schmutz umgibt mich wie ein übler Geruch. Und nichts, aber auch gar nichts kann ihn vertreiben, kein Baden, kein stundenlanges Duschen, keine noch so stark duftende Seife und auch kein Parfüm. Dieser Geruch ist da, klebt an mir, ist ein Teil von mir, lange schon, eigentlich immer schon.

»Eckstein, Eckstein, alles muss versteckt sein, hinter mir und vor mir gilt es nicht!«

Aber der Geruch ist kein Spiel, kein harmloser Kinderspaß. Solange ich denken kann, ist er vor mir und hinter mir, und in mir ist er auch. Er versteckt sich in mir, verkriecht sich in mir, strömt aus mir heraus. Und obwohl dieser Geruch nur in meiner Einbildung existiert, tyrannisiert er mich, verfolgt mich bis in den Schlaf hinein, zieht wie ein böser, übelriechender Geist durch meine Träume. Ich schäme mich für diesen Geruch, schäme mich so sehr, dass ich in der Schule, während des Unterrichts verzweifelt die Beine zusammenpresse, aus Angst, der Geruch könne von innen nach außen dringen.

Schon damals, in Kindertagen, litt ich unter heftigen Kopfschmerzen, die sich noch verschlimmerten, als ich von der Grundschule aufs Gymnasium wechselte. Eine Mädchenschule, in der ich von Anfang an das Gefühl hatte, anders zu sein als meine Mitschülerinnen, die mir alle so fleckenlos sauber, so hübsch und duftend frisch vorkamen.

Für die häufigen Kopfschmerzen gab es keine Erklärung. Am Gymnasium hieß es, ich würde auf den Geruch der frischen Farbe im Treppenhaus reagieren. Später dann, als die Renovierungsarbeiten längst abgeschlossen waren, hieß es, ich hätte den empfindlichen Kopf meiner Großmutter geerbt. Aber es war weder der empfindliche Kopf meiner Großmutter noch der Geruch von frischer Farbe. Es war der vermeintliche Geruch meines Körpers, der mich krank machte und den ich an jenem Sonntag im Mai mit einer Überdosis Schlaftabletten endgültig und für immer abzutöten suchte. Aber der Geruch – wie sollte es anders sein – ließ sich nicht abtöten.

Als ich nach drei Tagen aus dem Koma erwachte, erwachte auch er zu neuem Leben. Und mit ihm die Gewissheit, jenes tief verankerte Gefühl in mir, schmutzig und schlecht zu sein. So nahm ich dieses Gefühl wie ein ungelesenes Buch wieder mit nach Hause. Der einzige Unterschied: Das Gefühl hatte einen Namen bekommen, die Ärzte in der Klinik sprachen plötzlich von »endogener Depression«.

Endogene Depression. Zwei Worte, die ein großes, ein riesengroßes Schweigen einleiteten. Weder zu Hause noch in der Schule wurde über das, was ich getan hatte, geredet. Niemand sagte etwas, niemand fragte etwas. Die Sache war tragisch, aber dennoch klar: Ein Kind aus gutem Hause war Opfer einer Depression geworden. So etwas kommt vor und ist gerade bei Jugendlichen in diesem Alter noch nicht einmal ungewöhnlich.

Endogene Depression. Zwei Worte, die mich nach der Rückkehr aus dem Krankenhaus zu einem Psychiater führten. Auch der machte nicht viele Worte, zog stattdessen ein Medikament aus seiner dunkelbraunen Schreibtischschublade und schob es mir zu. Tabletten, leuchtend gelb wie Zitronenfalter. Ich schluckte nur eine einzige dieser kleinen Sonnen, die übrigen verschluckte ein Abfalleimer. Denn von der guten Stimmung, die sie verbreiten sollten, weit und breit keine Spur. Stattdessen Übelkeit und Schwindel, ein schwefelgelbes Gewitter in meinem Kopf, und das unangenehme Gefühl, mit jedem Schritt leichter und immer leichter zu werden, beinah so, als würde ich die Schwerkraft überwinden und wie der »fliegende Robert« im Struwwelpeter mit dem nächsten Windzug auf und davon segeln.

Den Psychiater im weißen Kittel habe ich nicht wiedergesehen. Dafür eine Kinder- und Jugendpsychologin, eine zierliche Frau, die hoch über den Dächern der Stadt thronte und alles, was ich sagte, auf Tonband aufzeichnete. Auch mein Schweigen. Mein lang anhaltendes Schweigen, während mein Blick aus dem Fenster hinaus in den blauen Sommerhimmel spazierte, dorthin, wo weiße Wolken wie riesige Raumschiffe über der Stadt patrouillierten. Auch diese Frau habe ich nicht mehr wiedergesehen.

Irgendwie schien das Kapitel »endogene Depression« damit für alle abgeschlossen zu sein. Niemand sprach mehr davon. Mein Leben ging weiter wie bisher. Nur dass ich jetzt in die Oberstufe kam, wo ich die Welt der Literatur entdeckte, diesen Kosmos der tragischen Schicksale und verlorenen Seelen, mit denen ich mich von Stund an solidarisierte.

Die Erinnerung an dieses düstere und dunkle Kapitel meines Lebens also trieb mich um. Da ich nicht ahnte, dass ich im tiefsten Inneren auf der Suche nach jener verdrängten Zeit war, die mit dem Missbrauch zu tun hatte, fragte ich mich natürlich, was das alles zu bedeuten hatte. Was wollten diese Bilder mir sagen? Ich grübelte mir die Seele aus dem Leib. Das alles war zwanzig Jahre her, zwanzig lange Jahre! Warum bloß lauerte mir dieses Stück traurige Vergangenheit auf? Ich ärgerte mich über das Wiederkäuen dieser vergilbten Geschichte. Wollte nichts davon wissen, wollte einfach nur gesund sein und mein Leben genießen.

Aber der Rutsch in die Vergangenheit ließ sich nicht aufhalten. Plötzlich geisterten mir Lieder im Kopf herum, die ich irgendwann einmal gehört hatte. »Sind so kleine Hände«, sang Bettina Wegener ohne Unterlass, »darf man nicht drauf treten ...«

Dazu gesellten sich Bilder, die allesamt das Gefühl von Schmerz ausdrückten. Ein Wirrwarr trauriger Erinnerungen. So geisterte mir tagelang der Anblick eines sterbenden Fisches im Kopf herum, den ich vor Jahren im Hafen von Teneriffa gesehen hatte. Am Ende der Mole, dort, wo die Angler standen und wo ich den Blick aufs weite Meer genießen wollte, hatte er auf den Steinen gelegen, weggeworfen, verzweifelt nach Luft schnappend …

Es war, als würde mein Kopf ein Eigenleben führen, als wäre ich in meinen Gedanken nicht mehr zu Hause, in diesem Dickicht, in dem sich die Fäden wie von Geisterhand miteinander zu verknoten schienen. Kopfgespenster, die mich verwirrten und mir zusätzlich die Luft zum Atmen raubten. Meine Lunge reagierte auf diesen Vergangenheitsangriff regelrecht panisch. Auf einmal war da so ein leiser Pfeifton, wenn ich einatmete. Ich wollte es nicht wahrhaben. Lungengeräusche! Unfassbar! So etwas kannte ich bis dato nur aus der Literatur, aus Thomas Manns »Zauberberg« zum Beispiel, jener Sanatoriumsgeschichte, in der viele der Kranken buchstäblich aus dem letzten Loch pfiffen.

Zu allem Übel litt ich auch noch unter extremen Migräneattacken. Viel häufiger als gewöhnlich. Mein Leben schien aus den Fugen geraten, schien wie die Krankheit von Frau Müller ein einziger Kampf und Krampf zu sein.

Irgendwann in dieser Zeit begannen dann die Träume. Immer wieder träumte ich, meine Wohnungstür nicht verschließen zu können. So oft ich es auch versuchte und so sehr ich mich auch bemühte – es gelang mir nicht. Verzweifelt stellte ich fest, wie ungeschützt ich war, wie leicht jeder hereinkommen konnte. Und Eindringlinge gab es genug in meinen Träumen. Immer schon. Dunkle, schattenhafte Gestalten, die es darauf abgesehen hatten, mich zu töten.

Hatte ich zuerst von Fantasiewohnungen geträumt, so kehrte ich auf einmal in das Haus meiner Kindheit zurück. Ein Eckhaus. Ein unscheinbarer Bau aus den Fünfzigerjahren, mehrere Stockwerke hoch, der sich durch nichts von den anderen Häusern in der Straße unterschied, außer durch die Gastwirtschaft, die man von zwei Seiten betreten konnte. In diesem Haus hatten wir zwei Etagen bewohnt. In der unteren »gelebt«, in der oberen, einer Mansarde, waren die Schlafzimmer gewesen. Erstaunlich oft träumte ich auch von dem gegenüberliegenden Speicher, einem großen, dämmrigen Raum mit kreuz und quer gespannten Wäscheschnüren und kleinen, im Lauf der Zeit erblindeten Dachluken. Und obwohl ich in meinen Träumen die Tür zu diesem Speicher immer wieder öffnete, konnte ich doch nichts sehen, weil meine Augen, wie die eingelassenen Fenster auch, erblindet waren.

Später ist mir klar geworden, dass dieser »Speicher« ein Symbol für das »Gespeicherte« in mir war. Für jenes dunkle Geheimnis, das mit Macht ans Licht drängte. Und dass die Fotos, die ich seinerzeit beim Autogenen Training in meinem Fantasiehaus gesehen hatte, diese Schwarz-Weiß-Bilder an der Wäscheleine, jenes Verdrängte symbolisierten, das ins Bewusstsein wollte.

Durch die angsteinflößenden, verwirrenden Träume, die mich auch über Tag beschäftigten, ging es mir zusehends schlechter. Es war, als raubten mir die nächtlichen Bilder nicht nur die Luft zum Atmen, sondern auch meine körperlichen Abwehrkräfte. Auf einmal war ich so oft erkältet wie nie zuvor in meinem Leben. Bronchitis und immer wieder Bronchitis, bellender Husten und jede Menge Antibiotika. Mein Körper zwang mich regelrecht in die Knie. Eines Tages, als ich wieder einmal mit Fieber im Bett lag, total erschöpft und von meiner schmerzenden Lunge gequält, fällte ich eine Entscheidung. In einem Roman von Irmgard Keun, selbst eine zutiefst zerrissene Persönlichkeit, sagt »Ferdinand, der Mann mit dem freundlichen Herzen«, den schönen Satz: »Ich glaube nicht, dass es jemals, seit die Welt besteht, einen Menschen gegeben hat, der sich immer allein helfen konnte ...« Und genauso war es. Ich sah ein, dass ich Hilfe brauchte. Und zwar dringend. Und ohne Aufschub.

Es gibt Hindernisse auf unserem Lebensweg, die können wir allein überwinden. Da nehmen wir Anlauf, werfen unser Herz hinüber und springen hinterher. Ganz einfach, ganz klar. Für andere aber, die sich uns wie Berge in den Weg stellen, brauchen wir Hilfe. Einen Menschen, der sich auskennt in schwierigem Gebiet. Der uns hilft, auf steinigen, mitunter gefährlichen Wegen sicher zu gehen, der uns durch Höhen und Tiefen führt.

Wieder war es eine Art Fügung, die mir eine solche »Bergführerin« in mein Leben schickte. Bei einem meiner vielen Arztbesuche hatte ich die Visitenkarte einer Psychotherapeutin zugesteckt bekommen. Und siehe da, es war die richtige Adresse. Aus dem ersten Treffen entwickelte sich ein drei Jahre lang währender, intensiver Gesprächskanon, den ich gern mit einer Wanderung vergleiche, bei der ich mich zuerst einmal ohne fixes Ziel schlichtweg auf den Weg machte.

Während der ersten Gespräche war ich übernervös, redete schnell und ziemlich viel, erzählte von meiner Atemnot und meiner Getriebenheit, der inneren Unruhe und Anspannung, sprach von meinem Aufenthalt im Kloster, den Friedhofsgesprächen mit meinen Eltern und von meinem Berufsalltag, der nach wie vor stürmisch und turbulent war, mir aber Freude bereitete. Ach ja, und einen Traum erwähnte ich auch, einen Traum, in dem ich einen mit Giftgas gefüllten Tresor in der Wand entdeckt hatte. Nicht ahnend natürlich, dass ich selbst dieser Tresor war, dieser luftdicht abgeschlossene Raum, in dem jede Menge »Giftiges« unter Verschluss lag.

Auf meine Kindheit angesprochen, stimmte ich Lobeshymnen auf meine Eltern an. Ich schlüpfte in die Rolle der dankbaren, gut geratenen Tochter. Eine Rolle, die ich bis zur Perfektion verinnerlicht hatte. Besonders schwärmte ich von meinem Vater, dem so früh Verstorbenen, dem Intellektuellen, dem brillanten Rhetoriker, der mir stets Vorbild gewesen war. Was hatte ich als Kind nicht alles getan, damit er stolz auf mich war. Geschwommen wie ein Fisch, tollkühne Sprünge vom Dreimeterbrett und im Sportunterricht nichts anderes als die Note Eins. Sogar geangelt hatte ich seinetwegen. Da ich es nicht schaffte, einen der begehrten Pokale zu gewinnen und er nicht stolz auf mich war, hörte ich bald wieder auf zu angeln. Eines aber hörte ich nie auf: ihm nachzueifern. Hatte ich einen Großteil meiner Kindheit damit verbracht, hübsch und sportlich für ihn zu sein, wollte ich später auch noch besonders klug sein. Denn dass es ihm gefiel, wenn ich hübsch klug daherredete, merkte ich schnell. Also stürzte ich mich, entschlossen wie beim Sprung vom Dreimeterbrett, kopfüber in die Welt des Geistes.

Durch den sexuellen Missbrauch – das habe ich später erfahren – war ich wie durch ein unsichtbares Band an ihn gefesselt. Die Psychoanalyse nennt dieses Phänomen die »Identifikation mit dem Aggressor«. Von frühester Kindheit an hatte ich meinen Vater idealisiert, auf einen Sockel gehoben, wo er unangreifbar gegen alle Anfechtungen stand, eine unantastbare Ikone, frei von jedem Vorwurf, frei von jeder Schuld. Denn die Schuld für all das Unvorstellbare, das in den Nächten geschehen war, hatte ich auf mich genommen. Was keine Seltenheit ist. Die größte Angst aller Kinder, auch missbrauchter Kinder, ist die Angst, die Eltern zu verlieren. Damit genau das nicht geschieht, gab ich allein mir die Schuld für alles das, was passiert war. Von Kindheit an lebte ich so mit einem tiefen Gefühl der Scham.

Was mir natürlich zu Beginn der Therapie nicht bewusst war. Vielmehr saß ich da und malte voller Überzeugung ein durch und durch positives Bild meiner Eltern, ein Idyll meiner Kindheit, verklärte und verzerrte, bis wir auf meinen Selbstmordversuch, meinen inneren Zusammenbruch als Jugendliche zu sprechen kamen. Suizid. Ich dozierte wie eine Wissenschaftlerin über dieses Thema, zitierte berühmte Philosophen und sprach von all den Selbstmördern in der Literatur, die mich während meines Studiums begleitet hatten. All diese zerrissenen, verzweifelt Suchenden, denen auf Erden nicht zu helfen war ... Nur von mir selbst sprach ich nicht.

Nicht sehen wollen heißt, nicht handeln müssen.

Es brauchte einige Zeit, bis ich mich von der Verstandesebene auf die Gefühlsebene wagte, bis ich alle die traurigen, lebensmüden Helden, über die ich geschrieben und sogar promoviert hatte, hinter mir ließ und den Mut entwickelte, auf mich selbst zu schauen. In kleinen, vorsichtigen Schritten, langsam, ganz langsam, tastete ich mich an die Sechzehnjährige von damals heran. Meine Lunge schrillte derweil wie eine Sirene. Unheil lag in der Luft. Und genau wie früher hatte ich plötzlich das Bedürfnis, mich zurückzuziehen, alleine zu sein. Und dann war es so weit: Wie auf Zehenspitzen kehrte die Traurigkeit von damals zu mir zurück, das Gefühl abgrundtiefer Verlassenheit und Hilflosigkeit, gepaart mit einer bodenlosen Verzweiflung. Meine angeblich so glückliche, unbeschwerte Kindheit und Jugend fiel wie ein Kartenhaus in sich zusammen. Die Konsequenz dieser Entdeckung? Ich überlegte, die Therapie abzubrechen. Schließlich wollte ich mir meine bunte Märchenwelt nicht so einfach zerstören lassen. Ich bockte wie ein Kind, war eingeschnappt wie eine zugeschlagene Tür. Und ich übte Kritik. Von jetzt auf gleich gefielen mir diese analytischen Methoden nicht mehr, all diese Fragen, auf die ich keine Antworten wusste. Diese gemeinen Stolpersteine! Da sollte ich an jemanden denken, der mir als Kind viel Zeit geschenkt hatte. Und was passiert? Ich sitze da, starre vor mich hin und nichts und niemand fällt mir ein. Und das, wo meine Kindheit doch so harmonisch und schön war! Und auch auf die Frage, wer sich denn so richtig freuen würde, wenn ich heute zur Tür hereinkäme, fällt mir keine Menschenseele ein. In Schweigen versunken sitze ich da. Als wäre mein Kopf blockiert, mein Denken und meine Zunge lahmgelegt.

Dafür kommt mir das Tagebuch in den Sinn, das ich als Kind besessen habe, jene kleine, braune Kladde, deren blütenweißen Seiten ich mit unbeholfenen Worten meine Traurigkeit anvertraut hatte, sogar die Sehnsucht, sterben zu wollen. Weshalb ich das Büchlein mit dem goldenen Verschluss stets sorgfältig abgeschlossen und versteckt hatte.

Die Therapie schien mir plötzlich eine Zumutung! Zumutung – kein schlechter Begriff, wie ich finde. Weil darin der Mut steckt, den wir brauchen, wenn es vorangehen soll. Die Therapie abbrechen? In meinem Kopf kämpften Ja und Nein miteinander. Am Ende aber siegte das Ja. Aus dem einfachen Grund, weil ich nicht so tun konnte, als wäre nichts gewesen. Unmöglich, einfach wieder zur Tagesordnung überzugehen. Es fühlte sich an, als hätte ich auf meiner Wanderung plötzlich einen Stein im Schuh. Da half kein Weggucken, kein Stehenbleiben. Der Stein musste raus.

Also machte ich weiter. Mit neuer Entschiedenheit und neuer Entschlossenheit. Tauchte tiefer noch in mein Gestern und Vorgestern hinab. Schenkte all dem Aufmerksamkeit, dem schon lange Aufmerksamkeit gebührte.

Meine Atemnot begleitete mich. Zudem verschlimmerten sich meine Migräneattacken. Die Anfälle wurden heftiger, die Abstände kleiner. Tagelang lag ich im abgedunkelten Zimmer, litt unter wahnsinnigen Schmerzen und – Pardon! – kotzte mir die Seele aus dem Leib. Umgangssprachlich heißt »sich auskotzen«, endlich das rauszulassen, endlich das auszusprechen, vielleicht auch rauszuschreien, was einem auf der Seele brennt, auf dem Herzen liegt. Aber genau das machte ich nicht. So, wie ich es von Kindheit an eingehämmert, eingetrichtert bekommen hatte, schwieg ich auch jetzt. Schweigen war meine Antwort auf jeglichen Angriff.

Durch meine Träume, die immer schon von Gewalt und Zerstörung erzählten, kamen wir auf das Thema sexuellen Missbrauch zu sprechen. Wieder kehrte ich auf die Verstandesebene zurück. Wieder war ich ganz die Intellektuelle, die lässig abwinkte. Keinerlei Gefahr im Verzug! Das Thema betraf mich nicht. Zum Glück! Dennoch kannte ich mich damit aus, schließlich hatte ich Ende der Achtzigerjahre, in lilafarbener, frauenbewegter Zeit also, Artikel darüber geschrieben, hatte Interviews mit betroffenen Frauen geführt. Ich sprach von gesellschaftlichem Tabu, dem Leid der Betroffenen, dem Gefühl tief sitzender Schuld und Angst; referierte über die so zerstörerische Trias von Verdrängen, Verstummen und Verschweigen. In unserer Familie aber, so betonte ich immer wieder, hatte dieses Thema keinen Platz. Mein Vater war schließlich ein angesehener Jurist gewesen.

Dennoch sorgten die Gespräche und meine schlechte körperliche Verfassung dafür, dass ich das Wort »Vater« ganz neu zu buchstabieren begann. Zum ersten Mal in meinem Leben setzte ich mich kritisch mit seiner Person auseinander. Was zu einer ersten Entzauberung führte.

Nach und nach stellte ich fest, dass er vieles gesagt und getan hatte, was alles andere als in Ordnung gewesen war. Auch sorgte das Blättern in alten Fotoalben für ein neues Bild von ihm. Über Wochen hinweg wandelte ich auf den Schwarz-Weiß-Spuren meiner Kindheit. Und immer wieder entdeckte ich Dinge, die mich erstaunten, erschreckten oder zutiefst nachdenklich machten. Es war wie ein Balancieren in schwindelnder Höhe, Schritte nah am Abgrund. Warum hatte ich in meiner Fantasie aus unserem Balkon im fünften Stock einen blühenden Garten gemacht, während die alten Fotos bewiesen, dass dort oben nicht eine einzige Pflanze gestanden hatte, dass es kein »kleines Paradies«, vielmehr ein betongrauer Nicht-Ort gewesen war? Warum hatte ich den Vater meiner Kindheit als schmal und kantig beschrieben, wo er doch in Wirklichkeit, wie die Bilder eindeutig bewiesen, reichlich übergewichtig gewesen war? Und warum sah ich so traurig aus auf vielen der Fotos, so ernst und in mich gekehrt, mit zusammengepressten Lippen, wo ich doch von so viel Glück und Lachen gesprochen hatte?

Viele unserer Familienfotos erinnerten mich an die trostlosen Gemälde von Edward Hopper, in denen die Menschen allesamt einsam, in sich versunken und einander entfremdet wirken. Und plötzlich ging das Ganze in eine Richtung, auf die ich überhaupt nicht vorbereitet war. Zeit des Erwachens, möchte ich es nennen.

In meinem Kopf schienen die Mauern, hinter denen sich mein Geheimnis über Jahrzehnte hinweg versteckt hatte, porös zu werden, die Steine schienen zu bröckeln. Immer mehr Bilder, immer mehr Szenen aus der Vergangenheit zwängten sich durch die Löcher hindurch. Ahnungen verdichteten sich. Und auch meine Träume sprachen eine brutal deutliche Sprache. Eines Nachts war es dann so weit. Es war unglaublich. Ich war aus dem Schlaf aufgeschreckt und lag in der Dunkelheit, als mir plötzlich, weiß Gott woher, die Erinnerung kam.

Du umpackst mich immer noch, Vater, weißt du das? Hast du das geahnt, damals, in dem dunklen Mansardenzimmer gegenüber dem Speicher, dort, wo die Wäsche auf fingerdicken Schnüren zum Trocknen hing? Im Sommer der warme Geruch der Dachziegel, der durch die Fenster strömte. Hast du geahnt, dass diese Umarmung eine Ewigkeit währen würde?

Hast du das gewollt? Wohl kaum.

Was wolltest du überhaupt? Ich war ein Kind, Vater, dein Kind, deine Tochter, deine hübsche kleine Tochter. Dein eigen Fleisch und Blut. »Ganz der Papa!«, haben die Leute gesagt, und du hast gelächelt und genickt und stolz auf mich herabgeschaut. Ich reichte dir nicht einmal bis zur Gürtelschnalle.

Unsichtbar wollte ich sein, Vater, wenn du nachts in das Zimmer kamst. Unsichtbar wie der Wind, der am Fenster vorbei über das Dach strich und manchmal die Antenne zittern ließ, leise und verhalten klirren ließ, als wolle er sie anstecken mit seiner Leichtigkeit, mit seinem Lachen. Deine Schritte im Hausflur, schwer und polternd, hatte ich längst gehört und auch das Klappern deines Schlüsselbundes, metallen und hart. Es verriet mir, wie betrunken du warst. Ich zählte deine Versuche, mit dem Schlüssel das Schloss zu finden. Bei mehr als fünf Anläufen kroch ich noch tiefer unter meine Decke.

Was hat dich getrieben in diesen Nächten? In diesen Nächten, die voller Gewalt und Drohungen waren. Weißt du, wie das ist, Vater, wenn man tief unten im Bauch zerrissen wird, nach Luft schnappt, fast erstickt und würgt und keucht und nicht sterben will und nach irgendeinem Halt sucht in der Finsternis, wehrlos, hilflos? Einem Halt, der rettet, der hinüberrettet zu dem Augenblick, da alles vorbei ist, endlich alles vorbei ist.

Weißt du, wie das ist, wenn man mit weit aufgerissenen Augen in die Dunkelheit starrt, die nicht aufhört, Angst zu machen? Angst vor neuen Übergriffen, vor neuen Schmerzen. Angst auch vor dem kommenden Tag, an dem man die Scham und den Ekel herunterzuwürgen sucht. Wieder und wieder und wieder und wieder. Wenn man an nichts anderes denken, nichts anderes fühlen kann. Weißt du, wie das ist?

Der Schlaf ist heilig, hast du gesagt, Vater. Nur deiner? Du hättest mich beschützen müssen, Vater, vor dem, was in diesen Nächten passierte. Du allein.

Am Morgen dann, ein Stockwerk tiefer, unten, in der sonnenhellen Küche, am ordentlich gedeckten Frühstückstisch, auf dem nie etwas fehlte, an diesem Tisch hast du geschwiegen, geschwiegen und mich nicht angeschaut.

Ich schluckte die Stille mit jedem Bissen hinunter. Strafe muss sein, schienst du zu sagen. Mädchen, die so Schmutziges in den Nächten tun, dürfen keinerlei Beachtung erwarten.

Ich verstand und senkte den Blick.

*

Und du, Mutter? Hast du nichts gemerkt, Mutter?

Du warst noch sehr jung. Auf dem Foto, dort in Venedig, hoch über der Lagune, bist du so wunderschön anzuschauen in deinem Morgenmantel mit den bauschigen, wattigen Blüten und den zartgrünen

Blättern im seidenen Stoff, dem weißen Tuch geknotet im Haar. Deine Augen sprühend und funkelnd im Sonnenlicht, deine Haut so glatt und sommerbraun scheint zu duften, dein Mund glänzt so rot, so blutig rot wie eine frisch geschlagene Wunde, und du lächelst, lächelst, lächelst ...

Mit Papa gestritten hast du wohl nur zu Hause. Dein scharlachroter Mund war dann erloschen, wortlos, die Lippen versteinert, blass und kalt. Papa schwieg ebenfalls. Tagelang konntet ihr so schweigen, geduldig diese stechende Stille aushalten, diese Stille, die jede Lebendigkeit im Raum verkümmern ließ und sich wie Säure in alles hineinfraß. In dieser stummen Zeit mochtest du nicht an seiner Seite liegen. Mochtest nicht hinaufgehen mit ihm in euer Mansardenzimmer.

Dafür hast du mich neben ihn gelegt. Warum? Durfte der Platz nicht frei bleiben? Es war dein Platz. Der Duft des Kopfkissens verriet es. Manchmal in diesen Nächten ertastete ich ein zusammengeknülltes Taschentuch unter deinem Kopfkissen. Hast du auch geweint?

Warum wolltest du es nicht wissen? Hätten meine Wunden an deine gerührt? Ich war deine Tochter, Mutter, dein Kind. Warum hast du mich nicht angeschaut, an diesen Morgen, nach diesen Nächten? Warum wolltest du es nicht wissen?

Ich musste schweigen, musste aushalten, durfte nicht reden von dem, was passierte, konnte nicht re-

den, zu bedrohlich die Gefahr, zu roh die Warnungen,
die mit Gewalt in mich eingetrieben wurden, nachts
in der erstickenden Finsternis.

Ich musste dich retten, Mutter, beschützen vor
dem sicheren Tod, musste auch den Vater retten,
musste uns alle retten und stillhalten und erdulden
und schlucken und erdulden und stillhalten und ret-
ten ...

Du hättest Worte finden müssen, Mutter, Worte
für das, was in diesen Nächten geschah. Keine beson-
deren Worte, nicht die richtigen, nicht viele, von mir
aus nur ein einziges, ein einziges Wort, geschrien,
gestammelt, geflüstert ... – ganz egal! Du hättest es
finden, formulieren müssen. Jeder Laut wäre besser
gewesen als dein Schweigen. Dieses Stillschweigen,
dumpf und unerträglich, das durch meine wunden
Körperöffnungen in mich hineinzukriechen schien.

Schweigen höhlt aus, Mutter, schafft Leere im
Innern. Finstere, kalte, bedrohliche Leere.

Und Schmerzen.

Es gibt keine Bewusstwerdung ohne Schmerzen, sagt
der Seelenkenner C. G. Jung. Ich weiß nicht, wie
viele Tränen ich in der Therapie geweint habe. Denn
alles, wirklich alles kam zurück zu mir, die Bilder,
die Gefühle, alles stürmte auf mich ein. Es war wie
eine Lawine, die mich ohne Vorankündigung mit
sich in die Tiefe riss. Da war die Todesangst jener
Nächte, das Gefühl totaler Ohnmacht, vollkomme-

nen Ausgeliefertseins, da waren die Schmerzen, die Übelkeit, das ständige Erbrechen. Und auch das alte Gefühl, schmutzig und schlecht zu sein. Selbst die Sehnsucht nach dem Tod war plötzlich wieder da. Und verbunden mit dieser Sehnsucht der altbekannte Wunsch zu vergessen, einfach nur zu vergessen. Wobei ich jetzt zum ersten Mal wusste, worum es bei diesem Vergessen überhaupt ging.

Kindesmissbrauch also. Ein Thema, über das in der heutigen Zeit viel gesprochen wird. Weil Skandale laut geworden sind, weil in Schulen und kirchlichen Einrichtungen Unglaubliches vorgefallen ist. Damals war die Offenheit gegenüber diesem Thema noch nicht so verbreitet. Weder gab es derart viele erschütternde Aufdeckungen noch Berichte in den Medien, in denen Betroffene vom Ausmaß ihres Leids erzählten.

Lässt sich sexueller Missbrauch in wenigen Worten beschreiben? Wohl kaum. Jede Erfahrung von seelischer und körperlicher Gewalt ist anders. Dennoch möchte ich versuchen, mit einer Handvoll Worten eine Annäherung zu wagen. Zwei Zeilen nur aus einem Gedicht von Georg Büchner sollen genügen. Zwei Zeilen, die mir in ihrer Schlichtheit und Knappheit und im Ausmaß des Abgrundes, der sich in ihnen auftut, zu passen scheinen.

Von einem Menschen, welcher kam
Und ihr als Kind das Herze nahm.

Für mich begann mit der Aufdeckung des Traumas ein sehr langwieriger, sehr schmerzvoller Prozess. Ein Prozess, den ich hier nur in Kürze und in Stichworten umreißen kann. Nach und nach erst begriff ich, was mir da eigentlich widerfahren war. Mir. Der Anwaltstochter. Dem Kind aus gutem Haus. Dem Kind angesehener, hochanständiger und vermögender Eltern.

Ich verstand plötzlich, warum ich als Jugendliche anfällig für jede Art der Selbstzerstörung gewesen war. Warum Kopfschmerzen und Erbrechen meine lebenslangen Begleiter waren. Und warum ich mich während meines Studiums ausschließlich mit diesen rätselhaften, todessehnsüchtigen Charakteren beschäftigt hatte, diesen Persönlichkeiten, deren Beziehung zu sich selbst bis ins Innerste gestört ist. Weil ich selbst in diesen Reigen hineingehörte. Weil ich selbst eine solch zerrissene Persönlichkeit war, deren Hälften sich blutig aneinander rieben.

Du hast mich zerrissen, Vater, weißt du das? Hast zwei aus mir gemacht, zwei Töchter. Die eine lächelt im Überfluss, will gefallen, muss gefallen, zu groß die Angst, man könnte ihre dunkle, ihre verschwiegene Seite entdecken. Selbstbewusst tritt sie auf, wagemutig beinah, begabte Rednerin, gertenschlank. Eine Macherin. Ehrgeizig. Gehorsam zudem. Deine Tochter eben, auf die du stolz bist. So willst du sie haben. Etwas Besonderes soll sie sein, deine Tochter.

Die andere lächelt gar nicht, zieht sich in sich selbst
zurück, begabte Schweigerin, schluckt die Stille,
verweigert die Nahrung, spürt ihren Körper nicht.
Eine Erstarrte. Kraftlos. Von Ängsten bedrängt.
Nachtschwarze Ängste, denen sie nicht entkommt.
Ein hilfloser, verwundeter Mensch, der sich nirgends
zu Hause fühlt, geborgen und sicher. Nicht einmal in
sich selbst.

Es war der totale Schock. Nichts war mehr wie früher, nichts mehr selbstverständlich. Jede Zelle in mir in Aufruhr. Keine Ruhe, nirgends. Und vor allem: kein Entrinnen, kein Entkommen. Die einzige Möglichkeit, mit diesem Sturz aus festgefügter Ordnung umzugehen, war für mich, mich meiner lebendig gewordenen Vergangenheit zu stellen. Sie in ihrer ganzen Unfassbarkeit, ihrer absoluten Unbegreiflichkeit und Ungeheuerlichkeit anzuschauen und am Ende auch anzunehmen.

Das Wort »Vater« war plötzlich wie ein Fremdkörper für mich. Es löste Wirbelstürme der Empörung, einen regelrechten Widerwillen in mir aus. Selbst ein »Vater im Himmel« wollte mir nicht mehr über die Lippen.

Fragen tyrannisierten mich, immer dieselben Fragen. Wie konnte das passieren? Warum ich? Warum in unserer Familie? Fragen, die zu nichts anderem führten außer in die Selbstquälerei und zu Ausbrüchen von Verzweiflung. Ich stürzte in immer neue Abgründe, rabenschwarze Löcher, die mich regelrecht zu verschlingen schienen. Wenn ich unter Menschen war, hatte ich das Gefühl, gar nicht anwesend zu sein. Ich fühlte mich wie hinter Glas gestellt. Als hockte ich in einem durchsichtigen Gefängnis, einer Art Aquarium. Abgeschnitten von der Außenwelt, abgeschnitten aber auch von mir selbst.

Dazu kam eine unvorstellbare Wut. Eine Wut, wie ich sie nie zuvor erlebt hatte. W u t. Ein absolut bedrohliches Gefühl für mich. Von Kindheit an unterdrückt, heruntergewürgt. Im Keim erstickt. Anstelle von Wut und Kampf hatte ich den Totstellreflex geübt. Ich war dressiert darauf, jeden Anflug von Wut zu verleugnen. Kein Wunder also, dass sich dieses gefährliche Gefühl zuerst einmal hinter Ängsten versteckte. Ängste, die ich förmlich über Nacht entwickelte und die mich, obwohl ich mit dem Verstand dagegen anging, dennoch beherrschten. Auf Schritt und Tritt verfolgte mich plötzlich die Angst vor Unfällen, die Angst, es könnte »krachen« oder irgendetwas in meiner Nähe explodieren. Ich entwickelte eine regelrechte Panik davor, dass etwas in die Luft fliegen könnte. An manchen Tagen schaffte ich es tatsächlich nicht, das Haus zu verlassen, beherrscht von der Angst, etwas Schreckliches würde passieren.

Es dauerte eine Weile, bis ich in den Therapiegesprächen dahinterkam, dass ich selbst es war, die explodieren wollte, dass ich selbst einen fürchterlichen

»Krach«, einen Zusammenstoß provozieren wollte. Meine Wut suchte ein Ventil. Meine Wut, die genaugenommen Hass war. Ja, ich hasste meinen Vater für das, was er mir angetan hatte. Und ich hasste meine Mutter, die mich nicht beschützt hatte. Und ich hasste mich, weil mir das alles passiert war.

Wut ist eine Energie, die nach Entladung verlangt, die das Hindernis, das sich ihr in den Weg stellt, mit aller Macht durchbrechen will. Die Wut, die sich in mir breitgemacht hatte, war eine ausgemachte Zerstörungswut. So wie ich zerstört worden war, wollte auch ich zerstören. Genauso verletzen, wie ich verletzt worden war.

In meiner Fantasie begann ich meine Eltern zu bestrafen. Ich weiß nicht, was passiert wäre, wenn sie noch gelebt hätten. Ich weiß es wirklich nicht. Ich weiß nur, dass ich, die zeitlebens angepasste, gehorsame und brave Tochter, das ewige Muster- und Vorzeigekind, meine Fantasie als einen Freiraum nutzte, wo ich mir alles erlaubte. Wirklich alles! Und ich war heilfroh, diesen Raum zu haben. Weil er lebensnotwendig war für mich. Überlebensnotwendig.

Nach diesem ersten »Austoben« begann ich damit, meinen Eltern Briefe zu schreiben, wüste, schonungslose Briefe, in denen ich meine Klagen und Anklagen in einer Sprache aufs Papier schleuderte, die normalerweise nicht meiner Ausdrucksweise entspricht. Ich sprengte meine Eltern mit Worten förmlich in die Luft. Es waren Wortexzesse, die ich anschließend vernichtete.

Neben dem Schreiben fing ich erstaunlicherweise auch an zu malen. Niemals zuvor in meinem Leben hatte ich den Impuls verspürt, mit Farben zu agieren. Jetzt aber war das anders. Über Nacht war dieser Wunsch in mir erwacht. Also zog ich los, suchte den nächstbesten Künstlerbedarf auf und kaufte ein. Ich malte im Stehen und im Knien. Wie kurz zuvor die Worte aufs Papier, so schleuderte ich jetzt die Farben auf die Leinwände, verschmierte sie mit Sand, ritzte und kratzte darin herum. Ich war wie im Rausch, wie entfesselt. Dieses wilde, ungestüme Tun, diese Lebendigkeit des Malens tat mir unendlich gut. Wie das Schreiben auch sorgte es für eine innere Befreiung.

Natürlich sind solche Kreativrezepte nicht eins zu eins übertragbar. Jeder Mensch ist ein Ozean, meerestief und unergründlich. Was in extremen Situationen heilsam für uns ist, können wir am Ende nur selbst herausfinden. Aber das Schöne ist: Wir alle haben Fantasie mit auf den Lebensweg bekommen, jene schlummernde, schöpferische Kraft, die uns Anstöße und Möglichkeiten aufzeigt, welche Methoden in welchen Situationen die richtigen für uns sind. Gedanken sind Kräfte, heißt es. Fantasie aber ist eine Urkraft.

Ich malte auf jeden Fall in jener Zeit jede Menge großformatige Ölbilder, in denen die Farbe Rot überwog. Rot wie Schmerzen, rot wie Blut. Rot aber auch wie Energie, wie ungezügelte, ungezähmte Lebenslust. Eines dieser feurigen Bilder hängt heute noch neben meinem Schreibtisch. Es trägt den provokanten Titel: »Warum Väter es nicht schaffen, ihre Töchter zu töten«.

Zudem tobte ich mich im Wald aus. Unternahm Spaziergänge der besonderen Art, Streifzüge durchs Unterholz, die ich in den frühen Morgenstunden machte, um auch ja allein zu sein. Im Schutz der Bäume ließ ich meine grenzenlose Wut heraus. Ich weiß nicht, wie viele am Boden liegenden Äste ich zerschlagen, wie viele morsche Baumstümpfe ich zertreten habe.

Ich habe auch viel geschrien in dieser Zeit, habe meinen Schmerz und meine Trauer lauthals herausgebrüllt. Besonders gern im Auto. Für mich ist das Auto auch heute noch ein wunderbar geschützter Ort, um ungeniert herauszulassen, was heraus will. Sich etwas von der Seele zu brüllen. Ausprobieren! Wer sich nicht so recht traut, wem die Stimme nicht gehorcht: Musik anmachen, ziemlich laut, das hilft!

Lange Zeit habe ich gedacht, ich würde diese mörderische Wut, dieses lang aufgestaute, tiefsitzende Gefühl niemals wieder loswerden. Aber irgendwann hatte sie sich ausgetobt. Besser gesagt hatte ich mich ausgetobt. Und das war gut. Denn alles, was wir nicht in Besitz nehmen, besitzt uns.

Geholfen hat mir übrigens auch, dass ich bei meinen Streifzügen durchs Unterholz eines Tages damit begonnen habe, einen Bachlauf zu säubern. Klingt vielleicht ein wenig seltsam, aber für mich war es ein absolut heilsames Tun. Mir war aufgefallen, wie das gurgelnde Bächlein sich an manchen Stellen »quälen« musste, weil das letzte Hochwasser so viel Angeschwemmtes zurückgelassen hatte. Also krempelte ich die Ärmel hoch und räumte tagelang Äste und Steine beiseite, befreite – wirklich bis zur Erschöpfung! – das Bachbett von Unmengen an Laub und Ästen. Zum einen tat mir die körperliche Anstrengung gut, zum anderen bereitete es mir eine unglaubliche Freude, das Wasser wieder so munter und ungehindert fließen zu sehen. Beinah so, als hätte ich auch in mir selbst etwas zum Fließen gebracht. Als hätte ich mich selbst von etwas befreit.

Ein anderer wichtiger Teil meines Gesundungsprozesses war die Entdeckung des verletzten Kindes in mir. Dieses kleine Mädchen, das immer noch völlig verängstigt, eingeschüchtert und wie erstarrt in der Dunkelheit lag. Das vor Hilflosigkeit ganz krank war, vor Kälte zitterte und sich vor dem nächsten Morgen fürchtete, vor den Menschen und der nicht weichen wollenden Übelkeit. Vor dem zähen und nicht abzuschüttelnden Gefühl, schuldig und schlecht zu sein. Dieses Kind, dem alle Lebensfreude ausgetrieben worden war, dem der eigene Körper ein

Fremd-Körper war, galt es zu wärmen, zu schützen und zu beschützen.

In kleinen Schritten begann ich, mit diesem inneren Kind in Verbindung zu treten, es anzuschauen, wahrzunehmen. Ich lernte, eine Beziehung zu ihm aufzubauen, lernte, diesen benutzten und beschmutzten Teil von mir anzunehmen. Ja, ich lernte, mit ihm zusammenzuwachsen, im doppelten Sinn des Wortes: eins zu werden mit diesem Kind. Und mich gemeinsam, Herz an Herz mit ihm weiterzuentwickeln. Was besonders wichtig war: Ich lernte, mit meinen Selbstvorwürfen umzugehen.

»Wenn du die Absicht hast, dich zu erneuern«, sagt der Weise, dann »tu es jeden Tag«. Genau diese Erfahrung habe ich gemacht. Bei inneren Wandlungsprozessen ist der wirklich wichtige Weg der ganz alltägliche. Geradezu gebetsmühlenartig erinnerte ich mich daran, ein Kind gewesen zu sein. Ein Kind. Und als solches unschuldig. Ein Kind eben, nichts als ein Kind. Und ich befahl mir, wann immer sich die Gelegenheit dazu ergab, mir Kinder anzuschauen, sie zu beobachten, diese kleinen Wesen, die so voller Vertrauen und Liebe waren, so voller Freude und Neugier aufs Leben, ohne jeden Argwohn, ohne jede Bosheit. Dabei so verletzlich und schutzbedürftig. Zarte, wachsweiche Seelen, die in keinster Weise schuld daran waren, wenn ein Erwachsener sich an ihnen verging.

S c h u l d. Schuld ist ein zähes, klebriges Gefühl, »der Übel größtes«, wie Friedrich Schiller sagt. Für mich, die ich von meiner Schuld zutiefst überzeugt war, war es ein geradezu chronisches Übel. Mich aus den komplizierten Verstrickungen dieses Gefühls zu befreien, war und ist auch heute noch eine Herausforderung für mich. Schuld, so möchte ich behaupten, ist eines meiner Lebensthemen. Denn schuldig fühle ich mich nach wie vor erschreckend schnell. Jede Form der Ablehnung zum Beispiel provoziert bei mir den Eindruck, etwas falsch gemacht zu haben. Und etwas falsch gemacht zu haben, heißt im Umkehrschluss, schuldig zu sein. Auch übernehme ich oft ganz selbstverständlich die Verantwortung für Dinge, die ich gar nicht zu verantworten habe. Und fühle mich dann schuldig, wenn sie nicht so laufen, wie sie laufen sollen. Gott sei Dank bin ich wachsamer geworden, sensibler, was diese Strukturen angeht. Gefahr erkannt, Gefahr gebannt, weiß ein Sprichwort. Mittlerweile schaue ich sehr genau hin, ob es wirklich einen Anlass gibt, mich schuldig zu fühlen. Oder ob ich nicht wieder nur in eine dieser gefährlichen Fallen getappt bin.

Auch habe ich mir abgewöhnt, den Begriff »Schuld« zu leichtfertig in den Mund zu nehmen. Schuld ist ein zu großes Wort, um es auf so banale Dinge anzuwenden wie ein umgeworfenes Weinglas, ein Anrempeln in der Bahn. »Das war meine Schuld!« Ich weiß nicht, wie oft ich diesen Satz in meinem Leben gesagt habe. Heute spreche ich lieber von einem Versehen, einem Fehler oder einer Unachtsamkeit, die mir unterlaufen ist.

Zu der vermeintlichen Schuld aus Kindertagen gesellte sich in der Therapie noch eine andere. Ich fühlte mich zutiefst schuldig, das dunkle, über Jahrzehnte hinweg gehütete Familiengeheimnis gelüftet zu haben. Diese Öffnung, dieser »Verrat« machte mir enorm zu schaffen. Und selbst in diesem Moment, da ich dieses Buch schreibe, kann ich nicht behaupten, ganz frei von diesem Gefühl zu sein. Es ist, als würde die Vergangenheit nach wie vor Pfeile abschießen, giftige Pfeile. Aber ich halte nicht mehr still, lasse mir nichts mehr einreden so wie früher, trete vielmehr selbstbewusst zur Seite, damit diese Pfeile an mir vorbei ins Endlose fliegen können.

Als wolle das Leben mich auffordern, noch einen Schritt weiter in Richtung Öffnung zu gehen, bekam ich gegen Ende meiner Gespräche, in einer Phase wichtiger Neuorientierung, die Anfrage eines Verlages, eine Erzählung für eine Anthologie zu schreiben. »Die Fantasie ist eine Frau«, so der Titel der Sammlung. Ich brauchte nicht lange zu überlegen, spürte es ganz deutlich, ich wollte, nein!, ich musste eine Geschichte über sexuellen Missbrauch schreiben. Und genau das tat ich. Ich schrieb dreißig Seiten, die einen unglaublichen Kraftakt darstellten. Es war eine Tortur. Immer wieder musste ich aufhören, weil ich unter Übelkeit, Schwindelanfällen und wahnsinnigen Kopfschmerzen litt. Wochenlang ging es mir extrem schlecht. Trotzdem brachte ich die Erzählung zu Ende. »Also schwieg Franziska«, nannte ich sie. Und auch wenn mir damals noch der Mut fehlte, zuzugeben, dass vieles darin mit mir selbst zu tun hatte, so war der Text – bei aller Qual, den er mir verursacht hatte – doch eine Art Erlösung. Ein erster literarischer Befreiungsschlag. Das so lang Verschwiegene endlich in Worte zu kleiden, das so lang Versteckte auf dem Papier endlich sichtbar und damit auch öffentlich zu machen – es war, als würde ich schreibend einen verlorenen Teil von mir zurückholen und damit zurückgewinnen. Als würde ich ihn, ungeachtet aller Traurigkeit, mit offenen Armen empfangen und feiern.

»Ich bin stark, weil ich mich besitze«, schreibt die Künstlerin Marianne Werefkin in ihrem Tagebuch. Und genauso fühlte es sich für mich an. Im Nachhinein kann ich sagen, dass das Schreiben dieser Geschichte mir auf meinem Weg zu mir selbst wirklich sehr geholfen hat.

Nun hat nicht jede und nicht jeder von uns die Möglichkeit, eine Geschichte oder gar ein Buch über ihr und sein trauriges Schicksal zu schreiben. Aber wir alle können damit beginnen, über das Leidvolle, das uns geschehen ist, zu reden. Können nach Jahren des Schweigens endlich den Mund aufmachen.

A u f m a c h e n. Ein schönes Wort, wie ich finde. Sich öffnen. Sich nicht länger verschließen. Das ist der wichtige Schritt: Sich nicht wie eine Schnecke im Schneckenhaus verkriechen, vielmehr den Mut entwickeln, die Fühler auszustrecken und sich das, was geschehen ist, anzuschauen und darüber zu sprechen. Erzählprozesse sind Heilungsprozesse. Manchmal tut Wahrheit weh, aber vielleicht muss sie wehtun, damit wir aufwachen und etwas verändern. Damit es nicht so bleibt, wie es ist. Damit uns Flügel wachsen. Flügel, die uns weit über unser selbst hinaus in die Freiheit tragen.

Von großer Bedeutung war für mich, die ich zeitlebens ein überaus angepasstes, braves Mädchen war, zu lernen, auch mal »bissig« und »giftig« zu sein. Widerstand zu leisten. Nicht ständig aus- und stillzuhalten. Ich erfuhr, dass es so etwas wie »blockierende Glaubenssätze« gibt: innere Vorschriften, die wir mit uns herumtragen und die unsere Entwicklung hemmen. Einer meiner hartnäckigsten Glaubenssätze lautete: »Ich muss gehorsam sein.« Und genau dazu war ich nicht mehr bereit. Schließlich war ich kein wehrloses, hilflos ausgeliefertes Kind mehr. Kein »Püppi«, wie ich früher genannt worden war. Ich war in Kampfstimmung und alles andere als willfährig. Jeden Tag aufs Neue übte ich, nicht auszuhalten, wo ich nicht aushalten wollte, nicht stillzuhalten, wo ich nicht stillhalten wollte. Ich begann, mit mir selbst ganz neu in Verbindung zu treten. Vertraute meiner inneren Stimme. In dem schönen Wort »Vertrauen« steckt das Wort »trauen«:

Je mehr Vertrauen ich in mich selbst hatte, umso mutiger wurde ich.

Damals formulierte ich mir eine Lebensmaxime, die ich in die griffigen Worte kleidete: »Ich allein entscheide, was gut für mich ist.« Zur Erinnerung an mein neues Credo wählte ich mir ein Symbol, das mir buchstäblich in die Hand geschrieben ist. Klingt geheimnisvoller, als es de facto ist. In jener Zeit – ich hatte immerhin beinah die Vierzig erreicht – begann sich auf meinem Handrücken ein erster Pigmentfleck zu bilden, ein sogenannter Altersfleck. Und genau der erinnert mich auch heute noch daran, nicht gar zu gehorsam zu sein. Dass er im Lauf der Zeit größer geworden ist, sagt mir, dass mein Vorsatz wichtiger ist denn je.

Selbstsein. Stimmig sein. Für mich ist das nach wie vor und an jedem neuen Tag eine Herausforderung. Aber auch ein unaussprechliches Glück. Ein Glück, zu dem ich mitunter ein Quäntchen Mut brauche.

M u t. Auf spielerische Art und Weise habe ich während meiner Therapie mit verschiedenen Begriffen herumexperimentiert, habe sie übergroß und feuerrot auf Tapetenrollen geschrieben, ausgeschnitten und mit ihren Buchstaben und Silben herumjongliert. Dabei fiel mir auf, dass sich das Wort »Mut« durch die Drehung des ersten Buchstabens federleicht in »Wut« verwandeln lässt. Und umgekehrt natürlich. Die Idee dieser Transformation gefiel mir. Und es war höchste Zeit, damit zu beginnen. Zwei Träume gaben mir Recht. Es war an der Zeit, meine Wut in Mut zu verwandeln.

In einem ersten Traum stand ich auf einer Brücke und beobachtete mit großem Interesse die Tauben, die dort herumspazierten. Bei genauerem Hinsehen allerdings erschrak ich, denn die hübsch anzuschauenden, im Sonnenlicht schimmernden Vögel hatten die gebogenen Schnäbel von Raubvögeln. Für mich, die ich dabei war, in eine neue Lebensphase überzuwechseln, war es an der Zeit, so verriet mir der Brückentraum, die antrainierte Sanftheit der Taube abzulegen und mich dort, wo es die Situation erforderte, mit einer Portion gesunder Aggression durchzusetzen.

Auch der zweite Traum, in dem ich mich an einem spiegelblanken See befand, forderte mich auf, diese existenziell so wichtige, aber gefesselte Kraft in mir zu befreien. Während ich allein am Ufer entlangspazierte, entdeckte ich plötzlich einen Adler, der auf einem Felsen im Wasser saß, stolz aufgerichtet, ein riesiges, prachtvolles Tier. Beim Näherkommen allerdings erschrak ich, denn der so herrlich anzuschauende Vogel war festgekettet, das Eisen an seinem Fuß eine einzige blutende Wunde.

Die Träume sprachen eine deutliche Sprache. Ihre Botschaft lautete: Befreiung. Was für mich in erster Linie bedeutete, es nicht länger allen recht machen zu wollen. Nicht ständig bemüht zu sein, anderen zu gefallen. Nicht von morgens bis abends rund zu laufen wie ein Schweizer Uhrwerk. Vielmehr auszubrechen aus alten Strukturen. Aus der Reihe zu tanzen. Neue Schritte zu wagen. »À rebours!«, wie ein berühmter Roman heißt, »gegen den Strich!«

Und genau das tat ich. Rebellieren. Ich erinnere mich noch gut an eine Situation aus jener Zeit, in der ich mit der Leiterin einer Stadtbibliothek zu einem Gespräch verabredet war. Kaum angeklopft, bat sie mich, doch bitte draußen zu warten, da sie noch telefonieren würde. Gehorsam schloss ich die Tür wieder. Sie sprach, wie ich unschwer hören konnte, über die verschiedenen Möglichkeiten, einen Fisch zu garen. Ihre lautstarken Ausführungen erinnerten mich an Frau Stöhr, die im Roman »Der Zauberberg« von Thomas Mann nicht aufhören kann, von ihren achtundzwanzig Soßenrezepten zu reden. Ich stand also draußen vor der Tür und wartete geduldig darauf, endlich hereingelassen zu werden. Langsam wurde ich wütend. Die verabredete Zeit war längst überschritten und das Telefonat hinter der Tür nahm kein Ende. Und dann passierte folgendes: Anstatt die Situation auszuhalten, anders formuliert, anstatt wie früher in kindliche Starre, in Sprach- und Handlungsunfähigkeit zu verfallen, habe ich erneut geklopft und lächelnd erklärt, als Tochter eines Anglers noch eine ganz andere Art der Fischzubereitung zu kennen. Auch wenn die Reaktion der Dame ein wenig frostig war, so beendete sie doch ihr Telefonat und bat mich herein. Und unser Gespräch war erstaunlicherweise ein recht erfreuliches.

Ich weiß noch, wie beflügelt ich die Bibliothek verlassen habe. Als wäre ein Energieschub durch mich hindurchgegangen, ein mächtiger Ruck, der Kräfte freisetzt. Wie ein Münchhausen hatte ich mich am eigenen Schopf aus dem Sumpf alter Muster gezogen. Indem ich Nein zu einer mir unerträglichen Situation gesagt hatte. Nein. Dieses kleine Wort, diese kaum merkliche Bewegung des Kopfes mit der so großen Wirkung.

Wie ich bereits sagte, war der Prozess der Aufarbeitung, den ich hier beschreibe, bei Weitem nicht so einfach, wie er sich auf dem Papier darstellt und dementsprechend liest. Papier ist geduldig.

Lange Zeit, nachdem ich das Gefühl hatte, mit meiner so dunklen Familiengeschichte längst durch zu sein, belehrte mich ein simpler Schreibfehler eines Besseren. Der Satz, den ich hatte schreiben wollen, lautete: »Ich lasse die Vergangenheit.« Geschrieben aber stand in meinem Tagebuch: »Ich hasse die Vergangenheit.«

Heute – aus der Distanz betrachtet – würde ich sagen, dass es tatsächlich noch eine beträchtliche Anzahl von Jahren gedauert hat, bis ich wirklich loslassen, mich nicht nur mit dem Kopf, sondern auch mit dem Herzen von all dem Gewesenen verabschieden konnte. Ganz frei, da mache ich mir nichts vor, werde ich wohl nie sein. Aber ich habe gelernt, Geduld mit mir selbst und Vertrauen in den Prozess des Lebens zu haben. So, wie es ist, ist es gut.

Bei meinem spielerischen Herumexperimentieren mit Worten in jener so wichtigen Aufbruchszeit habe ich mich übrigens auch mit meinen Namen beschäftigt und auf diese Weise erfahren, dass Petra aus dem Griechischen kommt und »Fels« bedeutet. Und genau das nahm ich mir für mein weiteres Leben vor: Ich wollte wie ein Fels in der Brandung sein, an dem sich die Wellen des Lebens beständig brechen.

Meine Atemnot verabschiedete sich während der Therapie tatsächlich. Und sie ist bis auf den heutigen Tag – Gott sei's gedankt! – nicht wieder aufgetreten.

Sein Unglück
ausatmen können
tief ausatmen,
so dass man wieder einatmen kann

Genau so, wie Erich Fried es zu Beginn seines Gedichts »Aufhebung« beschreibt, fühlte es sich damals an. Ich hatte mein Unglück ausgeatmet und war innerlich frei geworden, um neu einatmen zu können. Atem ist Leben.

Unterstützt habe ich mich in jener Auf- und Umbruchzeit immer wieder mit Büchern und mir viel Rat und Trost aus ihnen geholt. Ich habe mir Sätze herausgeschrieben, die mir Mut und Hoffnung machten. Von dem Stoiker Marc Aurel zum Beispiel: »Diese Gurke ist bitter. Nun, so wirf sie weg. Hier sind Dornensträucher am Weg. Weiche ihnen aus. Das ist alles. Frage nicht noch: Wozu gibt es solche Dinge in der Welt?«

Zudem habe ich mir kleine Weisheitsgeschichten kopiert, die ich mehrmals über den Tag verteilt gelesen habe. Geschichten, die so klangen: »Wenn du von einem giftigen Pfeil getroffen bist, will Buddha von einem seiner Schüler wissen, was tust du? Fragen, warum derjenige das gemacht hat, fragen, wo er herkommt und wo seine Familie lebt ... – oder den Pfeil herausziehen, um zu leben?«

Und ich habe täglich mit der Bibel gearbeitet, mich an ihrer zeitlosen Wahrheit wie an einer helfenden Hand festgehalten. Besonders wichtig war mir eine Verheißung des Propheten Jesaja, die er an das geängstigte und gedemütigte Volk Israel richtet:

Die aber, die dem Herrn vertrauen,
schöpfen neue Kraft,
sie bekommen Flügel wie Adler.
Sie laufen und werden nicht müde,
sie gehen und werden nicht matt.

JESAJA 40,31

Diese unglaubliche Ankündigung des Propheten, dass selbst die zutiefst Hilf- und Hoffnungslosen, die Ohnmächtigen am Ende doch noch Flügel bekommen, war für mich wie ein Zaubertrank. Ähnlich das Bild des Adlers, das mit meinem Traum so wundervoll korrespondierte, dieses Motiv des kraftvollen, majestätischen Vogels, der sich in die Lüfte wirft, sich tragen lässt und mit dem Wind durch das Blau des Himmels gleitet. Der eben nicht gefesselt am Boden hockt, sich vielmehr lustvoll in die Freiheit erhebt.

Freiheit – das große Pathos der Aufklärung. Für mich keine ganz so einfache Angelegenheit. In einem Streichelzoo für Kinder habe ich einmal Ziegen beobachtet, ganz junge Ziegen, die sich trotz der geöffneten Stalltür nicht ins Freie hinaustrauten. Es dauerte eine ganze Weile, bis sie den ersten Schritt wagten. Wie ein gefährlicher Balanceakt sah das aus, wie ein vorsichtiges Herantasten an das Neue. Als wollten sie sagen: nur ja nicht zu forsch! Wer weiß, was einen da draußen erwartet. Aber dann, kaum dass sie den ersten Schritt getan hatten, gab es kein Halten mehr. Was für Sprünge, was für entfesselte Kapriolen!

Freiheit heißt Veränderung. Veränderungen aber erzeugen nicht selten Widerstände. Selbst wenn es sich um Veränderungen handelt, die uns zum Besseren gereichen. Wir alle – und ich glaube, da sind wir Menschen uns ziemlich ähnlich – mögen, was wir kennen, was uns immer schon vertraut ist. Und wir halten gern fest an diesen wohlbekannten, vertrauten Strukturen. Selbst dann, wenn sie uns eher schaden als guttun.

Auch ich habe lange gebraucht, um aus alten Mustern auszubrechen und erste Schritte in eine neue Freiheit zu wagen. Irgendwann aber war es soweit, und irgendwann kamen dann auch die Freudensprünge.

... seit ich in mir selber erwacht bin,
geht es mir wohl.

Dieser Satz, den Adalbert von Chamisso seine Heldin Mina sagen lässt, beschreibt meinen Zustand auf das Schönste. Nachdem ich die Therapie beendet hatte, fühlte ich mich wie eine Erwachte. Ganz bewusst nahm ich mir jetzt Zeit für mich selbst. Sich Zeit schenken heißt, sich Beachtung schenken. Und Beachtung ist Wertschätzung. Ich begann Neues auszuprobieren, besuchte zum ersten Mal in meinem Leben Gebetsgruppen und geistliche Seminare, die mir neue spirituelle Räume, aber auch neue Räume in meinem Inneren eröffneten.

Ein wichtiger Schritt auf meinem Weg in die Freiheit war die Auseinandersetzung mit den Ängsten, die mir seit Kindertagen in den Knochen steckten. Eine Angst beispielsweise, die mich seit jeher begleitet und mit Gefühlen völliger Hilflosigkeit und Todesangst einhergeht, ist die Angst, alleingelassen zu werden. Besiegt habe ich sie bis heute nicht ganz. Aber ich habe gelernt, mit ihr umzugehen, sie anzunehmen, sie nicht weiter zu bekämpfen.

Ich glaube, wenn wir den Mut entwickeln, uns unseren Ängsten zu stellen, dann finden wir dort, wo sie sitzen, tief im Verborgenen also, auch unsere Kraft.

Für mich sind diese Ängste ein Teil meines Lebens. Seit ich mir das bewusst gemacht habe, haben sie das zutiefst Bedrohliche, das sie früher hatten, verloren. Gleichzeitig aber erlaube ich mir, sie dennoch sehr ernst zu nehmen. Selbst meine Angst vor Dunkelheit, die einem erwachsenen Menschen eigentlich nicht zusteht. So habe ich mir angewöhnt, wenn diese nächtliche Angst plötzlich anklopft, ihr mit reichlich Licht zu begegnen. Dass einige meiner Mitmenschen darüber den Kopf schütteln, von »Festtagsbeleuchtung« sprechen, wie es mir schon passiert ist, interessiert mich nicht. Für mich ist einzig und allein wichtig, die beiden Seelen in meiner Brust, die kindliche und die erwachsene, in dieser Angstsituation zu harmonisieren. Und das gelingt mir, ganz banal, indem ich auf mehrere Lichtschalter drücke. Warum also nicht?

Aus Anlass meines vierzigsten Geburtstages fuhr ich zum Wandern in die Schweizer Alpen. Ein unvergesslicher Aufenthalt in luftiger Höhe. Während andere unter der Zahl Vierzig litten und in Tristesse versanken, hatte ich das Gefühl, erst richtig zu leben anzufangen, erst richtig durchzustarten. Da war nichts als Jubel in meiner Brust. Ein neuer Atem, ein neuer Schwung. Eine riesengroße, unbeschreibliche Freude, die Welt zu umarmen, mich selbst zu umarmen.

Ich fühlte mich wie neugeboren. Und ich wählte mir, um mich auch später immer wieder an diesen Aufbruch zu erinnern, ein Motto, das ich bei Albert Camus auslieh, dem großen Fürsprecher des Lichts und des Lebens. Einen Satz, den ich auch heute noch gern zitiere, weil er nach wie vor auf mein Leben passt:

Mitten im Winter erfuhr ich endlich,
dass in mir ein unvergänglicher, unbesiegbarer
Sommer ist.

Mit dem Hochgefühl dieses unbesiegbaren Sommers in mir begann ich, mir selbst Geschenke zu machen. Ein Tun, das ich bis dato nicht sonderlich kultiviert, genau genommen eher abgelehnt hatte. Ich begann damit, mir Blumen zu schenken, vor allem Rosen, jene duftenden Schönheiten, die seit alters her ein Symbol der Liebe, aber – ihrer Dornen wegen! – auch ein Sinnbild des Schmerzes sind. Sie wurden zum Symbol der Einheit, zum Zeichen der Versöhnung für mich. Sie standen für den Schmerz und gleichzeitig für die Schönheit meines Lebens.

Beides gehörte für mich von jetzt ab zusammen. Beides wollte ich nicht mehr getrennt voneinander wissen.

Da Symbole mir nach wie vor eine große Hilfe sind, stelle ich mir auch heute noch gern vor, dass mein Leben eine Perle ist. Eine wunderschöne, kostbare Perle, in deren glänzender Oberfläche sich mein Gestern und mein Heute spiegeln. Und je länger ich diese Perle in meiner Fantasie in Händen halte und drehe, umso deutlicher und tiefer wird das Gefühl, dass alles, was ich darin entdecke, auch das Zerstörte, das regelrecht in Trümmer Gelegte, dass alles zusammen erst ein Ganzes ergibt. Und diese Ganze bin ich. Ein Ich auf einem ständigen Wandlungsweg.

Kleine Geschenke erhalten die Freundschaft, weiß ein Sprichwort. Auch die Freundschaft zu uns selbst. Neben den Rosen verwöhnte ich mich mit edlen Düften und anderen großartigen Kleinigkeiten. Kostbares und weniger Kostbares, Dinge auf jeden Fall, die das Bewusstsein in mir wachhielten, wichtig und wertvoll zu sein. Erstaunlicherweise sagten mir wildfremde Menschen in jener Zeit, wie gut ich riechen würde, ein Pizzabäcker zum Beispiel und eine junge Arzthelferin – Komplimente, die wie ein Lächeln waren. Und die mich daran erinnerten, wie wichtig es gerade für mich war, mich selbst gut riechen zu können. Mich mit Liebe zu betrachten und zu behandeln und mir auch dann, wenn ich mir wieder einmal zutiefst »befleckt« vorkam, ein Lächeln, ein ganz großes Ja! mit auf den Weg zu geben, um aufrecht und hoch erhobenen Hauptes durch meinen Alltag zu gehen, ohne Schamgefühle, ohne Schuldzuweisungen. Bejahung hieß das Zauberwort. Selbstachtung und Selbstliebe. Ein bisschen kam es mir vor, als würde ich jede Woche Geburtstag feiern. Ich schwebte wie im siebten Himmel. War in Hochstimmung. In Jubellaune. Und mit nichts anderem beschäftigt, als meinem Leben eine ganz neue Farbe zu geben.

Natürlich hielt diese Euphorie nicht lange an. Zum Glück. Auf Dauer wäre sie mir schlichtweg zu anstrengend gewesen. Denn es jubilierte schier unentwegt in mir. Selbst in der Nacht. Mitgenommen aus dieser beglückenden Aufbruchsstimmung aber habe ich die schöne Aufgabe, mich gut um mich selbst zu kümmern. Und das nicht nur sporadisch, vielmehr an jedem neuen Tag, von Sonnenaufgang bis Sonnenuntergang sozusagen.

Alle unsere Handlungen, so habe ich einmal gehört, hinterlassen Spuren in unserem Bewusstsein, sogenannte Erinnerungsspuren. Nur durch das beharrliche Wiederholen neuer Verhaltensmuster schaffen wir Routine. Und diese Routine wiederum sorgt dafür, dass sich unsere Gedankenwelt verändert. Wenn uns also etwas in Fleisch und Blut übergehen soll, dann helfen nur Ausdauer und geduldiges Dranbleiben.

In meinem Fall hieß das, den frischen Hauch positiver Selbstannahme immer wieder neu zu beleben. Achtsamkeit zu üben. Ein Gespür für meine Gedanken zu entwickeln. Denn Gedanken schaffen Tatsachen. Sie sind eine lebendige, ungeheure Kraftquelle, die wir in jedem Augenblick nutzen können, um unser Selbstbild zu verbessern. Wir alle können lernen, gut über uns zu denken. Trainieren! Und niemals behaupten, für solch positive Tendenzen sei es zu spät in unserem Leben. »Die beste Zeit, einen Baum zu pflanzen, war vor zwanzig Jahren«, sagt ein Sprichwort, »die zweitbeste Zeit ist immer jetzt.« Stimmt genau. Jetzt und hier ist die wichtige Zeit. Immer.

Es gibt eine wunderbare Geschichte von Bertolt Brecht, in der eine alte Frau, eine »unwürdige Greisin«, wie sie im Titel genannt wird, ihr Leben kurz vor ihrem Tod noch einmal vollständig verändert und sich selbst damit radikal neu erfindet und definiert, indem sie die Vergangenheit für vergangen erklärt und sich eine Gegenwart entwirft, die andere nur staunen lässt. So wie der Erzähler bin auch ich der festen Überzeugung, dass es im Leben für positive Entwicklung niemals zu spät ist.

Um auch meinen wiedergefundenen Atem, diese natürliche Kraftquelle, intensiver nutzen zu können als zuvor, suchte ich mir nach der Therapie einen Atemlehrer. Von ihm lernte ich ganz neu, wie überaus wertvoll Atemarbeit ist, die wir – und das ist das

Schöne! – in jedem Augenblick praktizieren können. So begann ich damit, ganz bewusst in meine
Ängste hineinzuatmen. Will heißen, ich versetzte
mich, sobald sie sich mit Herzrasen zu Wort meldeten, durch gezieltes Atmen in einen beruhigteren
Zustand. Auch lernte ich meine Aufmerksamkeit
dafür zu schulen, wann und in welchen Situationen meine Atmung flacher und schneller wurde,
um besser reagieren zu können. Zudem habe ich
mir angewöhnt, mehr zu singen als früher. Singen
regt die Tiefenatmung an, habe ich gelernt, und
verstärkt dadurch unser positives Lebensgefühl.
Ausprobieren, kann ich nur sagen! Radio an und
mitgeträllert. Oder beim Spaziergang, wenn keiner
zuhört, einfach mal drauflos jubilieren. Mich hat es
ein wenig Überwindung gekostet, mittlerweile aber
klappt es ganz gut.

Ich glaube, wir alle sollten viel experimentier-
freudiger werden, wenn es darum geht, herauszufinden, was uns guttut und was uns stark macht.
Nicht immer hilft, was in der Vergangenheit geholfen hat. Nicht immer taugt die Wiederholung
des Altbewährten. Besondere Umstände erfordern
besondere Maßnahmen! Offen sein, schöpferisch
und neugierig. Herausfinden, was sich in welcher Situation gut und richtig anfühlt. Sind es die Klassiker
wie Yoga, Meditation, Sauna und Sport? Oder fällt
uns anderes ein? Von einer Seminarteilnehmerin, die
so gut wie nie gelesen hatte in ihrem Leben, habe

ich einmal die spontane Antwort gehört: »Ich würde gern mal einen Roman von Dostojewski lesen.« Auf denn! Zeit nehmen. Gut-tu-Wünsche erfüllen. In uns hineinhorchen. Der Weisheitsstimme lauschen. Was genau brauche ich im Moment? Geistiges oder Spirituelles? Abwechslung? Oder doch eher das, was immer schon gutgetan hat? Eine Auszeit mit Freunden, irgendwo am Wasser sitzen, in Blumenbeeten buddeln, Musik bei Kerzenschein, Enten füttern im Park, malen, tanzen, Dostojewski lesen ...

Ganz gleich, wofür wir uns entscheiden, Hauptsache, wir spüren lebendige Freude in uns aufkeimen. Denn Freude, dieser »schöne Götterfunken«, ist die größte Energie- und Kraftquelle, die wir haben.

Manchmal allerdings verhält es sich mit der Freude, diesem Land der unbegrenzten Möglichkeiten, wie mit der Freiheit. Keine ganz so einfache Sache, will ich damit sagen. Manchmal müssen wir tatsächlich erst lernen, die Freude in unserem Leben auch anzunehmen. Ich selbst habe lange Zeit geglaubt, keine Freude zu verdienen. Und so zog es sich wie ein roter Faden durch mein Leben, dass ich, sobald sich gar zu viel Glück anbahnte, unbewusst für einen Dämpfer sorgte. Beinah so, als müsse ich mich für jede Freude in meinem Leben sofort bestrafen. Noch heute, wo ich mich diesbezüglich sehr viel ausbalancierter erlebe, muss ich mich mitunter daran erinnern, dass ich mein Leben genießen darf. Dass es nichts gibt, wofür ich Strafe verdiene.

Per aspera ad astra, heißt es. Der Weg zu den Sternen ist ein steiniger. Es hat lange gedauert, bis ich bereit war, die Erinnerung an den Missbrauch zuzulassen. Eine unvorstellbar lange Zeit, eine Ewigkeit geradezu, in der ich Wand an Wand mit meiner Verdrängung gelebt habe. Und doch habe ich es geschafft, die verbotene Tür zu öffnen und den Raum der Erinnerung zu betreten. Drei Worte nur, die mir spontan dazu einfallen: Gott sei Dank!

Auf meinem Schreibtisch liegt ein Stück Muschel, das ich irgendwann einmal an irgendeinem Strand gefunden habe. Wind und Wellen, Sand und Wasser haben es glattgeschliffen und ihm die Form eines Flügels verliehen. Dieser kleine, grüne Muschel-Flügel erinnert mich Tag für Tag daran, dass ich mich über meine eigenen Grenzen hinweg erhoben habe. Dass ich mich von der Vergangenheit gelöst habe. Ganz loswerden werde ich sie wohl nie. Da mache ich mir nichts vor. Aber warum auch? Sie gehört zu mir. Sie ist ein Teil von mir. Und ich habe Wege gefunden, mit ihr umzugehen. Mehr noch: Es ist mir gelungen, sie im Lauf der Zeit in Stärke zu verwandeln.

O welche Lust,
in freier Luft
den Atem leicht zu heben.

FIDELIO, GEFANGENENCHOR

Ich habe meine Geschichte in der Hoffnung erzählt, Frauen, die in einer ähnlich belastenden Situation sind, wie ich es war, Mut zu machen, sich das, was ihnen geschehen ist, anzuschauen und darüber zu sprechen. Dass sie die Kraft entwickeln, um Hilfe zu bitten. Es gibt eine Einsamkeit, die durch Scham hervorgerufen wird. Und genau aus dieser Einsamkeit müssen Betroffene heraus, um zu spüren, welch unerhörte Lust zu leben in ihnen schlummert.

Zugegeben: Sich dem Schrecken der Vergangenheit zu stellen, kann ein Kraftakt sein, eine absolute Herausforderung. Und doch scheint es mir die einzige Möglichkeit zur Befreiung zu sein. In dem Wort »Erlösung« steckt das Wort »lösen«. Nur durch den Prozess des Anschauens und Aufarbeitens können wir uns von den Gefühlen der Vergangenheit lösen, sie verabschieden und Platz für Neues schaffen.

»Das Schwere ist die Wurzel des Leichten«, sagt ein Sprichwort. Nur wenn wir das Schwere in unserem Leben angenommen haben, können wir die Erfahrung machen, dass große Wunden zu noch größeren Flügeln werden.

Steh auf und geh!

Ein Baum spricht: Meine Kraft ist das Vertrauen.
... Aus diesem Vertrauen lebe ich.

HERMANN HESSE

Eine Bushaltestelle. Ein Gespräch, das ich zufällig mit anhöre. Zwei Frauen, die über das Leben philosophieren. Eine der beiden zählt plötzlich auf, was ihr alles Furchtbares passiert ist.

»Aber das ist ja toll!«, sagt die andere. Empörung auf ganzer Linie. »Was ist daran toll?«

Und ich muss zugeben, auch ich konnte dem addierten Elend beim besten Willen nichts Positives abgewinnen.

»Du kannst dich weiterentwickeln!«, sagt die Frau. »Das ist ein wunderbares Geschenk und ein großes Glück.« Was für eine Antwort! Irritierend und provozierend zugleich. Und doch auch zutreffend.

Leid kann eine treibende Kraft in unserem Leben sein, ein Motor für Wachstum und neues Werden. Wie Adalbert Stifter es formuliert, jener am Ende seines Lebens so zutiefst unglückliche Schriftsteller:

Der Schmerz ist ein heiliger Engel
und durch ihn sind die Menschen
größer geworden
als durch alle Freuden der Welt.

Leid verändert. Leid kann uns zeichnen. Es kann aus Gezeichneten aber auch Ausgezeichnete machen. Ich habe einmal eine Baumgeschichte gelesen, deren Inhalt mich so berührt hat, dass ich sie nie vergessen habe. Da nimmt ein Mensch in der Nachmittagsstille eines Tages einen Stein, einen rechten Felsbrocken in die Hand und legt ihn einer noch jungen Palme in die Krone. Warum er das tut? Nun, wir wissen es nicht. Vielleicht, weil er ein Unglücklicher ist, ein Leidgeplagter, selbst eine Art Lastenträger, mehr als unzufrieden mit seinem Leben. Einer, der sein Elend weiterreichen will. Soll doch auch der Baum sehen, wie er mit dieser Last fertig wird, denkt er sich.

Die Palme ist vor Schreck wie gelähmt, vor Entsetzen über sein Tun wie erstarrt. Dann aber schüttelt sie sich. Zuerst ein wenig zaghaft, schließlich heftiger, nimmt den Wind zu Hilfe. Aber alles Schütteln und Rütteln hilft nichts. Der Stein sitzt fest wie der Pfahl im Fleisch. Also besinnt sie sich auf etwas anderes. Versucht nicht länger, die drückende Last abzuwerfen, beginnt stattdessen, tiefer und immer tiefer in die Erde hineinzuwachsen. Dorthin also, wo ihre Wurzeln schon bald neue und frische Wasseradern entdecken. Und was passiert?

Durch die Kraft aus der Tiefe und das Licht aus der Höhe kann sie den Stein im Weiterwachsen mittragen.

Als der Mann nach Jahren wiederkommt, um sich den Baum anzuschauen, staunt er nicht schlecht. Denn er findet kein verkümmertes, verkrüppeltes Bäumchen vor, wie er es im Stillen erwartet hat, vielmehr eine hoch aufgeschossene, stolze Palme, die sich majestätisch im Wind wiegt. Eine Schönheit, die den Stein des Anstoßes wie eine Krone im Haar trägt. Und wie sie sich tänzerisch leicht zu ihm hinunter neigt, fest verankert in ihrem leidgeprüften Leben, flüstert sie ihm zu: »Ich muss dir danken. Die Last hat mich über mich hinauswachsen lassen.« Eine schöne Geschichte, wie ich finde, die bildhaft zeigt, wie sich Leid in Kraft verwandeln lässt, Schmerz in Schönheit.

Einer, der höchst selbst zum Stein des Anstoßes wurde, dessen Schmerz sich in Kreuz und Dornenkrone manifestiert, war Jesus von Nazaret. Hilflosigkeit, Einsamkeit, Verrat und Verzweiflung – nichts Menschliches war ihm fremd. Und doch hat er gesagt: »Folge mir nach!« Was für mich so viel bedeutet wie: Vertraue mir! Auch im größten Leid, auch im schwersten Schicksal steckt die Möglichkeit der Verwandlung, des Neuanfangs.

Vertrauen also. Dieses »schwerste ABC«, wie Hilde Domin es nennt, das wir alle mühsam lernen müssen. »Nicht müde werden ...«, hat sie gesagt,

»sondern dem Wunder leise wie einem Vogel die Hand hinhalten.«

Von solch einem Nimmermüden erzählt das Johannesevangelium auf sehr bildhafte Weise. Da hören wir von einem Mann, der seit achtunddreißig Jahren gelähmt ist und die Hoffnung auf Heilung trotzdem nicht aufgegeben hat. Tag für Tag schleppt er sich am Teich von Bethesda, einem bekannten Heilungsort, bis an den Rand des Wassers. Das segenbringende, heilbringende Bad allerdings bleibt ihm verwehrt. Warum? Weil niemand da ist, der ihm hilft. Weil alle achtlos an ihm vorübergehen. Nicht so Jesus, der Menschenfreund. Er nimmt ihn wahr, bleibt stehen und spricht ihn an. »Willst du gesund werden?«, fragt er ihn.

Auf den ersten Blick ein wenig irritierend, oder nicht? Was ist das für eine Frage in solch einer Situation! Natürlich will jemand gesund werden, der sich seit achtunddreißig Jahren herumquält. Natürlich will jemand mit solch einer Leidensgeschichte endlich einen Schlussstrich ziehen dürfen. Wozu also diese Frage?

Bei genauerem Hinschauen fällt auf, dass Jesus mit diesen vier Worten einen wichtigen Akzent setzt. Er stellt das Du in den Mittelpunkt, sein Gegenüber also, dem seine uneingeschränkte Aufmerksamkeit gilt. Wir können uns vorstellen, wie er ihn anschaut, diesen Kranken, der im wahrsten Sinn des Wortes am Boden liegt. Nicht von oben herab, vielmehr mitfühlend, wie ein zutiefst Liebender eben. Und doch äußert er keine Betroffenheit über das lähmende Schicksal des Mannes. Kein Wort des Trostes. Stattdessen wirft er ihn knallhart auf sich selbst zurück. »Willst du gesund werden?« Eine Frage, die nicht rhetorisch gemeint ist. Er will eine Antwort haben. Allerdings besteht er auf kein donnerndes Ja! Es genügt ihm, den Willen des Leidgeplagten aufzuspüren. Und kaum ist das geschehen, spricht er jene wunderwirksamen Worte, die mich in ihrer Schlichtheit und Bewegtheit jedes Mal aufs Neue begeistern: »Steh auf ... und geh!«, sagt er. Was nichts anderes heißt als: Komm wieder ins Gleichgewicht. Finde zurück in deine Mitte, in deine ureigene Kraft! Lass es geschehen, dass dein lähmender Schmerz sich nach all den Jahren endlich wieder in Lebensfreude verwandelt.

Und siehe da – der Mann steht auf und geht. Welch ein Jubel! Welch eine Kehrtwendung! Eben noch war sein Schicksal eine völlig aussichtslose Sache. Ein Spiel ohne Trümpfe. Keine Rettung weit und breit. Jetzt aber, da er »dem Wunder«, wie es bei Hilde Domin heißt, »leise wie einem Vogel die Hand« hingehalten hat, erlebt er den Neuanfang. Auferstehung, im wahrsten Sinne des Wortes.

Selbst aus größtem Leid, so sagt dieses Gleichnis, können wir gestärkt ins Leben zurückkehren. Und damit zurück zu uns selbst, die wir als Krone der Schöpfung allesamt Gekrönte sind. Selbst nach jahrzehntelanger Leidenszeit ist ein Neuanfang möglich.

L e i d. Niemand von uns kann sich aussuchen, was ihm widerfährt. Niemand kann dem Schmerz auf Dauer entrinnen. Mensch sein heißt nun einmal, verwundbar und verletzbar zu sein. Und zwar in jedem Augenblick. Das Unerträgliche zu leugnen, hilft nicht. Die Augen zu verschließen, hilft ebenfalls nichts. Ob wir es wollen oder nicht, wir müssen durch das Leid wie durch einen Tunnel hindurch. Nur dadurch machen wir es fruchtbar. Nur dadurch ebnen wir den Boden für neues Wachstum, für neues Glück. Keine leichte Aufgabe. Denn großes Leid kann tiefe Spuren hinterlassen. Wie die Dichterin Ricarda Huch es in ihrem Gedicht »Nicht alle Schmerzen sind heilbar« beschreibt:

Der Frühling kommt wieder mit Wärme und Helle,
Die Welt wird ein Blütenmeer.
Aber in meinem Herzen ist eine Stelle,
Da blüht nichts mehr.

Es gibt Schmerzen, die hinterlassen nichts als verbrannte Erde. Da gibt es keinen Trost, da gibt es nur Verzweiflung.

Und doch – Leben ist Rhythmus, ist Bewegung, ist wiederkehrender Frühling, Werden und Neuanfang. Auch als zutiefst Verletzte, auch als schmerzlich Gezeichnete haben wir die Möglichkeit, an irgendeiner Stelle in unserem Leben erste Schritte auf neuen Wegen zu wagen. Um die Kraft, die wir dafür brauchen, dürfen wir bitten.

»Steh auf ... und geh!«

Aber Vorsicht! Wer Schlimmes erlebt hat, sollte besonders achtsam gehen. Denn es gibt Reize, sogenannte Schlüsselreize, die es sich zur Aufgabe gemacht haben, uns an die Schmerzen der Vergangenheit zu erinnern. Die an unseren Wunden scheuern, an unseren Narben kratzen. Die uns »triggern«, wie es heißt. Ein schmerzhafter Prozess. Denn »wo ein Messer einmal tief ins Fleisch geschnitten hat, tut die Berührung durch eine Feder weh« (Christa Wolf).

Ich selbst habe im Lauf der Jahre ein feines Gespür dafür entwickelt, in welchen Situationen mir die Vergangenheit gefährlich werden kann. Wann und wo ich gut auf mich aufpassen muss. Enttäuschung zum Beispiel ist ein Gift, dass mir mehr zu schaffen macht, als mir recht ist. Und auch das Gefühl, keine Wertschätzung zu erfahren, ist für mich bedeutend problematischer als für viele andere Menschen.

Aber das Schöne ist: Wie die Palme in der Geschichte können auch wir, die wir Schweres erlebt haben, durch die uns auferlegte Last innerlich wachsen. Wir alle, die wir Schweres, vielleicht sogar Traumatisches erlebt haben, können Mechanismen trainieren, die uns helfen, mit Angriffen der

Vergangenheit umzugehen. Können lernen, uns zu schützen.

In einem Roman von Erich Kästner ist es der Anblick eines Mantels, der die Vergangenheit »alarmiert«. Ein treffender Ausdruck, wie ich finde. Etwas in uns schlägt plötzlich Alarm. Warum auch immer. Vielleicht hat uns ein Geräusch getriggert, eine Bemerkung, ein Geruch, ein Kleidungsstück ... Auslöser kann alles Mögliche sein. Was aber können wir tun in diesen Momenten, in denen die Vergangenheit so mächtig anklopft? Eines auf jeden Fall: dem Gefühl, diesem Überfallkommando, unbedingt Beachtung schenken.

Bei einer meiner ersten Lesungen, als mittendrin ein Betrunkener hereinkam und sich mit seiner Flasche Bier in die letzte Reihe setzte, habe ich einen großen Fehler gemacht, indem ich einfach weitergelesen habe, als wäre er gar nicht da, indem ich ihn schlichtweg ignoriert habe. Was natürlich nicht funktioniert hat. Weil der Mann, der große Lust hatte, zu erzählen, genau wie ich auch, immer lauter wurde.

Störungen haben Vorrang, diesen Grundsatz habe ich damals gelernt. Zum Glück reagierte eine der Anwesenden, gab dem Mann Geld und bat ihn, sein Bier doch in anderer Gesellschaft auszutrinken. So stand er auf und ging.

Störungen haben Vorrang, das gilt auch und gerade für Gefühle, die sich wie Schatten aus der

Vergangenheit auf uns legen. Nicht den Fehler machen, sie zu übergehen, sie zu ignorieren, so zu tun, als wären sie gar nicht da. Das macht sie nur stärker und lauter. Diese Gefühle vielmehr anschauen, wahrnehmen. Und sie zulassen, wenn die Situation es erlaubt. So verlieren sie an Kraft. Nun passen Tränen oder Wutausbrüche nicht in jeder Situation. Aber etwas anderes passt immer. Es gibt ein Gedicht von Rose Ausländer, »Augenblickslicht«, in dem ihr der eigene Schatten im Weg steht, in dem er ihr zum Hindernis auf dem Weg ins Licht wird. »Wie komme ich über mich hinweg?«, fragt sie sich deshalb und gibt sich selbst die Antwort: »Ich muss über ihn hinwegspringen, ins Augenblickslicht, das mich erschafft.«

Genau das können auch wir tun. Sobald wir merken, dass Vergangenes nach uns greift, beginnen wir damit, ganz bewusst wahrzunehmen, was um uns herum ist. Sinne öffnen! Ins Hier und Jetzt, ins Licht des Augenblicks springen. Den Angriff abwehren, indem wir uns mit Gegenwart füllen. So schaffen wir ein emotionales Gegengewicht.

Auch Dankbarkeit kann helfen, die Gespenster der Vergangenheit zu vertreiben. Dankbarkeit für all das Gute und Schöne in unserem Leben. Sollte uns partout nichts einfallen, wofür das Danken lohnt, weil unser Denken durch die mäandrierenden Gefühle wie blockiert ist, einfach umschauen und für das danken, was wir sehen, riechen, hören ... Und wenn es nur lärmende Jugendliche sind, die wir entdecken, so wie mir kürzlich geschehen? Auch gut! Dann danken wir eben für die Lebendigkeit dieser Heranwachsenden.

Neulich erzählte mir eine alte Dame, die von der Vermietung eines Ladenlokals lebt, dass die Inhaberin ihr nach mehr als fünfundzwanzig Jahren völlig überraschend ein Kündigungsschreiben geschickt habe. »Ach, herrje! Und was machen Sie jetzt?«, habe ich gefragt. Und wahrscheinlich stand mir das Entsetzen ins Gesicht geschrieben. Ihre Antwort hat mich beeindruckt. »Zuerst einmal danke ich Gott für die lange und gute Zeit, die wir miteinander hatten.« Danken geht immer. In jeder Situation.

Ich selbst verpacke meinen Dank gern in spontane, kurze Gebete. Für mich sind sie eine unschätzbare Kraftquelle. Und das Schöne ist: Sie brauchen nur einen Flügelschlag Zeit und funktionieren überall, selbst im Supermarkt an der Kasse. Kurz innehalten und Beziehung herstellen. Mehr ist es nicht. Und doch so viel.

»Willst du gesund werden?«, fragt Jesus. Eine Frage zwischen Abschied und Aufbruch. – Ja! Und nochmals: Ja!

Wobei diese doppelte Bejahung nicht heißt, mit dem, was uns schmerzhaft widerfahren ist, zwangsläufig einverstanden oder gar in Einklang zu sein. Gott behüte! Es heißt nur, dass wir das Geschehene, das Gewesene annehmen. Und das wiederum heißt, dass wir weder Zeit noch Energie mit Fragen nach dem Warum vergeuden. Wir uns von dem Wunsch befreien, Unerklärliches erklären zu wollen.

Solange wir im Warum feststecken, bleiben wir Gelähmte. Langzeitkranke. Was geschehen ist, ist geschehen. Nichts davon lässt sich ungeschehen machen, nichts davon lässt sich abschütteln. Es sitzt fest wie der Stein in der Palme. Aber – und das ist die eigentliche Frohe Botschaft – wenn wir Vertrauen ins Leben haben und uns der Liebe, dieser göttlichen Heilkraft, öffnen, können wir Leid in Kraft verwandeln. Eine Kraft, wie das Gleichnis zeigt, die uns am Ende über uns selbst hinauswachsen lässt.

Von der Vergebung

Ich schenke euch ein neues Herz
und lege einen neuen Geist in euch.
Ich nehme das Herz aus Stein aus eurer Brust
und gebe euch ein Herz von Fleisch.

EZECHIEL 36,26

In einem seiner berühmtesten Märchen erzählt uns der Dichter Wilhelm Hauff von einem jungen Mann, der des schnöden Geldes wegen sein wunderbar warmes Herz gegen einen fühllosen Stein eintauscht. Gegen ein »kaltes Herz« also, in dem sich nichts, aber auch wirklich gar nichts mehr regt, das vielmehr abgestorben ist, mausetot. Das weder weinen noch lachen und schon gar nicht mehr lieben kann. Das nur mehr Hass kennt, abgrundtiefen Hass, und am Ende tötet, was es einst geliebt hat. Erst, als der Unglückliche nach vielen Irrungen und Wirrungen sein warmes, pochendes Herz zurückbekommt, kann er wieder lieben und Freude empfinden. Erst dann steht ihm die Tür zum Glück offen.

Wenn wir unseren Frieden mit der Vergangenheit schließen wollen, brauchen auch wir ein warmes, ein fühlendes Herz, »ein Herz von Fleisch«. Hass ist Stillstand, ist wie Sand im Getriebe. Raubt uns den Schlaf, die Ruhe, die Freude, den Atem, die Leichtigkeit, gebiert nichts anderes als neuen Hass. Liebe dagegen, diese göttliche Urkraft, die uns allen ins Herz gelegt ist, kann Hass neutralisieren.

Ich war eine blutjunge Studentin, als ich eine bemerkenswerte Person kennenlernen durfte. Eine Frau, die in meiner Erinnerung immer noch unermüdlich lächelt. Und das, obwohl sie mir Dinge vom Krieg erzählt hat, die wirklich grauenhaft waren. Ich hatte gerade meine erste eigene Wohnung bezogen, als mir bereits nach wenigen Tagen ein Missgeschick passierte. Ich hatte die Tür ins Schloss geknallt und dummerweise vergessen, den Schlüssel mitzunehmen. So lernte ich sie kennen, die kleine, weißhaarige Person, die eine Etage unter mir wohnte und sich mit nichts anderem zu beschäftigen schien als mit Blumenpflege. Auf ihren Fensterbänken, unter blütenweiß gebauschten Gardinen, blühten Heerscharen von Alpenveilchen. Während ich in ihrer Küche auf den Schlüsseldienst wartete, erzählte sie mir von ihrem Leben, zu dem Vertreibung, verlorene Hoffnung und der Tod ihrer Lieben gehörte.

Da ich nicht so recht wusste, was ich zu all den Schrecklichkeiten und Unmenschlichkeiten längst vergangener Tage sagen sollte, schwieg ich die meiste Zeit. Und ich war froh, als sie ihren Redefluss unterbrach und erklärte, mir etwas zeigen zu wollen. Neugierig folgte ich ihr nach nebenan. Und ich weiß noch, wie fassungslos und staunend ich in ihrem

Wohnzimmer stand. Ich hatte damit gerechnet, dass sie mir Bilder von früher zeigen wollte, irgendwelche alten Fotoalben, wie ich sie von meinen Großeltern kannte. Aber sie wollte mir etwas ganz anderes zeigen. Puppen nämlich. Jede Menge Puppen. Die, so erklärte sie mir lächelnd, hätten ihr das Leben gerettet. In ihrer schwersten Zeit, als sie ohne Familie, ohne jeden Funken Liebe und Lebensfreude gewesen war, hatte sie angefangen, sie zu sammeln. Ihre »Kinder«, wie sie sagte, ihre »kleinen Persönlichkeiten«. Sie hatte ihnen viel Aufmerksamkeit gewidmet, jahrelang für sie genäht und gestrickt, sie an- und umgezogen und natürlich mit ihnen geredet, Stunde um Stunde, Tag für Tag. Die Beschäftigung mit diesen Puppen, so verriet sie mir, hatte ihr geholfen, ihre verschüttete, unter Trümmern begrabene Menschenfreundlichkeit wiederzufinden. Auch hatten ihr die Puppen dabei geholfen, die Liebe in ihrem Herzen, dieses lange »verpuppte« Gefühl, zu neuem Leben zu erwecken. Diese Liebe wiederum hatte es ihr ermöglicht, nach Jahren der Verbitterung und der Unversöhnlichkeit, nach Jahren des Schmerzes und des Hasses endlich Frieden mit der Vergangenheit, endlich Frieden mit dem Krieg zu schließen. Und das hieß für sie, Verbrechen zu vergeben, für die es keine Entschuldigung gab. Jahrzehnte später, als es auch in meinem Leben ganz existenziell um das Thema »Vergebung« ging, habe ich oft an ihre Worte, ihr Lächeln und an ihre Puppen gedacht.

Fest steht: Wogegen wir uns sträuben, das bleibt. Was wir festhalten, das hält auch uns fest. Nur Vergebung führt in die Freiheit. Nur wer vergibt, hat die Möglichkeit, selbst mit dunkelsten Kapiteln in seinem Leben endgültig abzuschließen. Abschied wird Aufbruch. Verlust Gewinn.

Vergebung – mitunter eine schwierige Aufgabe. Vergebung ist etwas für Spezialisten. Finde ich zumindest. Denn ich weiß, wie hartnäckig Rachegefühle sein können. Wie schwierig es ist, sich aus ihren Verstrickungen und Verklebungen zu befreien.

In dem Wort »Vergebung« steckt das Wort »geben«. Klingt im ersten Moment, als würden wir etwas abgeben oder gar verlieren, wenn wir einem anderen seine Schuld vergeben. Stimmt aber nicht. In Wirklichkeit gewinnen wir etwas – etwas sehr Beglückendes. Wir gewinnen eine neue Lebendigkeit, eine neue Freiheit und jede Menge Lebensfreude. Vergebung ist keine Niederlage, kein Gesichtsverlust, vielmehr Stärke. Vergeben heißt auch, uns selbst zu vergeben. Denn nicht nur dem anderen, auch uns selbst können wir Dinge nachtragen. Auch uns selbst können wir anklagen, verurteilen, Vorwürfe machen.

In dem Roman »Frau Jenny Treibel« von Theodor Fontane gibt es eine Szene, in der eine wütende junge Frau am Küchentisch sitzt und alte Brötchen zerreibt, was die herzensgute und lebenskluge Haushälterin interessiert beobachtet. Da sie über ein sehr feines Gespür verfügt, zudem eine Menge vom Leben versteht, heißt es da:

> *»Wen zerreibst du denn eigentlich?«*
> *»Die ganze Welt.«*
> *»Das ist viel ... und dich mit?«*
> *»Mich zuerst.«*

Vergeben heißt, uns nicht selbst zu »zerreiben«, uns nicht selbst zu zerfleischen, vielmehr freundschaftlich und liebevoll mit uns umzugehen. Keine Bestrafung für Gewesenes. Kein Festhalten an Vorwürfen. Vergebung heißt, uns selbst zu begnadigen. Und das wiederum heißt, uns vorbehaltlos anzunehmen, mit all unseren Wunden, Narben, Enttäuschungen, mit all den uns zugefügten Schmerzen.

Als Kind hatte ich einen Kettenanhänger, in dem ein niedliches, kleines Seepferdchen, ein »Schnörkelchen«, wie es bei Ringelnatz heißt, in Gießharz schwebte. Ich weiß noch, wie ich versucht habe, dieses Tierchen mit Hammer und Meißel aus seinem durchsichtigen Gefängnis zu befreien.

Vergebung ist genau das Gegenteil. Vergebung ist Befreiung, die niemals mit Gewalt einhergeht. Vergebung geschieht allein durch das wirkungsvolle Zusammenspiel von Liebe und Geduld. Vergebung ist wie die Sonne, die das Eis zum Schmelzen bringt.

Für mich hieß Vergebung in erster Linie, mich von vermeintlicher Schuld freizusprechen. Mich Schritt für Schritt von diesem zerstörerischen Gefühl aus Kindertagen zu lösen. Denn dieses übergroße Schuldgefühl, diese Schande, von der ich ganz und gar durchdrungen war, führte dazu, dass ich jedes Scheitern in meinem Leben mir selbst zuschrieb. Egal, was passierte, immer suchte ich die Schuld bei mir. Selbst für den frühen Tod meines Vaters hatte ich mich lange Zeit verantwortlich gefühlt. Ich war sechsundzwanzig Jahre alt gewesen, als er völlig überraschend gestorben war, und hatte ernsthaft geglaubt, ihn ins Grab gebracht zu haben. Eine sehr gute Freundin hat mir damals geholfen, mich von diesem Irrglauben zu kurieren. In einem unserer vielen Herzensgespräche wollte sie plötzlich wissen, wie ich das geschafft habe, sein schlagendes Herz von einer Sekunde auf die andere stillstehen zu lassen. Ein super Trick sei das, ein Kunststück, das sie auch gern beherrschen würde. »Hand aufs kalte Herz«, hatte sie gesagt, »wie hast du das gemacht?«

Ich weiß noch, wie zutiefst empört ich war. Später habe ich verstanden, was sie mit dieser Provokation erreichen wollte. Mich mit der Nase darauf stoßen, dass ich am Tod meines Vaters selbstverständlich keine Schuld trug.

Ja, manchmal ist es tatsächlich das Schwerste, uns selbst zu vergeben. Aber – und daran führt kein Weg vorbei – es ist der wichtigste Schritt überhaupt. Denn nur so gewinnen wir das zurück, was wir verloren haben: unseren inneren Frieden, unser inneres Gleichgewicht.

»Und vergib uns unsere Schuld, wie auch wir vergeben unseren Schuldigern!« Diese Bitte im Vaterunser fordert uns auf, Vergebung immer wieder neu zu praktizieren. Denn Vergebung ist wie unser tägliches Brot ein Thema, das uns mit freundlicher Hartnäckigkeit bis an unser Lebensende begleitet.

Natürlich braucht Vergebung Zeit. Je nachdem, wie schwer die Verletzungen, wie tief die Verwundungen sind, brauchen wir viel Zeit, um das Alte auf gute Weise zu verabschieden. Aus eigener Erfahrung weiß ich nur zu gut, dass es den schnellen Weg zum Glück hier nicht gibt. Denn Vergebung ist ein Prozess, ein langsames Wachsen, ein stetiges Werden. Vergebung funktioniert niemals auf Knopfdruck. Aussöhnung nicht auf Befehl.

Ich habe einmal eine Frau in einer Diskussionsrunde erlebt, die sehr erbost darüber war, dass Vergebung bei ihr nicht funktionierte. Auf die Frage aus der Gruppe, woran sie das merke, erzählte sie, dass sie Blumen auf das Grab einer bestimmten Person gebracht hätte und nichts passiert sei.

Vergebung ist keine Kopfgeburt, ist nichts, was wir allein mit dem Verstand steuern können. Auch wenn wir lauthals verkünden, zu vergeben, auch wenn wir demonstrativ Blumen auf Gräber legen, heißt das noch lange nicht, dass wir es tief im Herzen auch wirklich tun. Oft sind es nur Lippenbekenntnisse, leere Gesten.

Vergebung braucht Geduld und Beständigkeit.

Wahre Vergebung lässt sich nicht erzwingen und spielt sich nie an der Oberfläche ab. Wahre Vergebung kommt freiwillig und immer aus der Tiefe des Herzens. Und das Herz liebt nun einmal herzliches Tun, alles das also, was wir nicht aus Pflichtgefühl oder Gewissenhaftigkeit, nicht aus Zwang, vielmehr aus voller Überzeugung tun. Von ganzem Herzen eben.

Nicht selten brauchen wir einen langen Atem, um zu vergeben. Ein Meer von Geduld mit uns selbst. Vor allem dann, wenn es Wunden sind, die partout nicht heilen wollen, vielmehr bei der kleinsten Berührung immer wieder aufreißen.

Trotzdem können wir auch als zutiefst verwundete Seelen, als zutiefst Verletzte einen ersten wichtigen Schritt in Richtung Vergebung und damit in Richtung Heilung tun: Wir können beginnen, unsere Bereitschaft zur Vergebung zu formulieren. Manchmal kann es helfen, den Wunsch wie eine Botschaft an uns selbst auf ein Stück Papier zu schreiben und immer wieder einmal, in geduldiger Wiederholung, zu lesen, im festen Glauben, dass uns die Kraft zur Vergebung zum richtigen Zeitpunkt auch geschenkt wird. Im Lächeln lebt Gott, heißt es. In unserem Tun auch.

Ich selbst habe mich lange Zeit geweigert zu vergeben, habe mich stattdessen tiefer und immer noch tiefer in die Verzweiflung hineinmanövriert. Gnadenlos habe ich daran festgehalten, eine Verwundete, eine

Verletzte zu sein. Meinen Eltern vergeben – niemals! Ihnen das verzeihen, was sie mir angetan haben – unmöglich, unvorstellbar. Absolut undenkbar!

Heute weiß ich, dass ich mich durch meine Unnachgiebigkeit regelrecht an meine Eltern gefesselt habe. Gemeinsam habe ich uns in ein Schuldgefängnis gesteckt. Herzen unter Arrest sozusagen. Weil das Einzige, was ich an meinem Schicksal begreifen konnte, die Unbegreiflichkeit war, habe ich verbissen dafür gesorgt, dass es kein Entrinnen aus diesem Gefängnis gab. Für niemanden! Mein Urteil lautete: lebenslänglich!

Wie sehr ich mich mit dieser Haltung selbst bestraft habe, war mir in jener Zeit nicht bewusst. Viel später erst ist mir klargeworden, dass ich eine doppelt Eingesperrte war. Ich war Aufpasserin und Inhaftierte zugleich. Kein Ausweg, nirgends. Mein Schuldgefängnis war eine zugeschnappte Falle, aus der es kein Entkommen gab. Vergebung war der einzige Weg, der in die Freiheit führte.

Vergebung – gesegnetes Tun. Manchmal kann es helfen, den inneren Prozess voranzutreiben, indem wir ihn durch äußere Handlungen unterstützen und sichtbar machen. Indem wir Gräber bepflanzen, Puppen sammeln, vielleicht auch Fotos aufhängen ... was auch immer. Wir können uns auch ganz bewusst spirituell ausrichten, können uns der Liebe ganz neu öffnen, durch Meditation, Gebet, Exerzitien, Kloster auf Zeit, Pilgerwanderungen ...

Ganz egal, wofür wir uns entscheiden, wichtig allein ist es, Dinge zu tun, die tiefer gehen als unser Verstand. Eine Bekannte von mir, eine temperamentvolle, recht laute Person, der die stillen Räume allesamt zu still waren, überraschte mich eines Tages mit dem Kauf einer Trommel, auf der sie sich in wilde Rhythmen hineintrommelte. Auch das kann ein Weg der Öffnung sein, ein wirksames Mittel, Bewusstsein zu verändern.

Ich selbst habe irgendwann angefangen, Kerzen für meine Eltern anzuzünden. Einfach so. Einem inneren Impuls folgend. Zahllose Kerzen in zahllosen Kirchen. Obwohl Geduld das Letzte ist, das mich auszeichnet, habe ich mich Kerze für Kerze vorangearbeitet. Ein Weg der kleinen Schritte, der kleinen Lichter. Das Unvorstellbare braucht Zeit.

Rückblickend kann ich sagen, dass mein unermüdliches Tun ein vorsichtiges, mühsames und mühseliges Sich-Herantasten an meine Eltern war. In dem Wort »mühselig« versteckt sich das Wort »selig«. Und genau so war es. Durch meine Lichterprozession war ich eines schönen Tages tatsächlich in der Lage, für meine Eltern zumindest wieder zu beten, was ich lange Zeit für unmöglich gehalten hatte.

Gebete sind wie gute Gedanken, setzen Kräfte in uns frei. Erstaunliche Kräfte. Je häufiger und intensiver wir uns in die Liebe hineindenken oder beten, desto tiefer sinkt dieses Gefühl in uns ein, breitet sich aus in uns, wird Teil von uns. Ich selbst durfte auf jeden Fall diese Erfahrung machen. Durch die langsame, behutsame Hinwendung war ich am Ende in der Lage, meinen Eltern zu vergeben.

Ohne die vielen Kerzen und ohne die zahllosen Gebete wäre ich über das Unvorstellbare wohl niemals hinweggekommen. Genau das wollte ich aber. Das Unverzeihliche verzeihen, für immer Frieden schließen. Heil werden nach verwundeter Zeit. Keinen Hass mehr spüren, keinen weiteren Rachefeldzug führen. Weder gegen meine Eltern noch gegen mich selbst. Denn auf Rache und Bestrafung sinnen heißt Opfer bleiben. Tag für Tag, Monat für Monat, Jahr für Jahr in der Opferrolle zu verharren. Und das wiederum bedeutet, für den Rest des Lebens eingesperrt zu sein. Wie mein Seepferdchen in Gießharz. Ein unerträglicher Gedanke.

Geholfen hat mir auf meinem langen Weg der Vergebung neben meiner Lichterkette auch eine Art Abschiedsritual, das ich in meiner Fantasie mehrfach durchgespielt habe. Dabei habe ich mir vorgestellt, wie ich in die Küche meiner Kindheit zurückkehre, meine Eltern dort am Tisch sitzen sehe und mich von ihnen verabschiede. Später habe ich es sogar geschafft, sie zu segnen, indem ich ihnen ein Kreuz auf die Stirn gezeichnet habe. Ein Segen kann viele Formen annehmen, muss nicht unbedingt ein Kreuzzeichen sein, kann auch eine Umarmung, ein Wort, der Klang unserer Stimme oder ein Blick sein. Wichtig allein ist der Geist, den wir hineinlegen, der Geist der Liebe.

In meiner Fantasie bin ich auch durch die anderen Zimmer meiner Kindheit gegangen, habe mich dort umgesehen und von allem, an was ich mich noch erinnerte, verabschiedet: von den Möbeln, den Teppichen, den Tapeten, vor allem von meinen Spielsachen. Beinah so, als müsse ich auch diesen Zeugen meines Schmerzes für immer Lebewohl sagen. Als müsse ich mich auch mit ihnen aussöhnen und versöhnen.

Noch viel später habe ich es dann geschafft, ein Foto von meinen Eltern aufzuhängen. Was mir im ersten Moment nicht leichtgefallen ist, dennoch fühlte es sich gut und richtig an. Dieses Foto hängt heute noch in meinem Arbeitszimmer.

Vergebung ist das größte Geschenk, das wir uns machen können. Dabei bedeutet Vergeben nicht, alles das, was gewesen ist, zu vergessen. Vergeben heißt, das Gewesene loszulassen, nicht länger Schuld aufzurechnen. Heißt: von dem Wunsch erlöst zu sein, etwas heimzahlen zu wollen. Hass ist ein gefährlicher Ratgeber. Sicherlich gibt es Situationen, in denen er uns vorübergehend lebenswichtige Energien schenkt. Auf Dauer betrachtet aber ist er eine zerstörerische Kraft. Eine Art Bumerang. Ein Gift, das uns am Ende selbst tötet.

Solange wir unversöhnt leben, fügen wir uns selbst Schaden zu, führen Krieg, nicht nur gegen die anderen, sondern auch gegen uns selbst. Erst wenn wir vergeben, herrscht Frieden in unserer Welt.

In einer Parklandschaft, in der ich gern und oft spazieren gehe, stand eines Tages ein Kunstwerk auf dem Rasen. Wie vom Himmel gefallen sah es aus. Es war eine Tür. Eine alte, weiß lackierte Tür in einem genauso alten, weiß lackierten Rahmen. Beides zusammen stand erhaben auf einem kleinen Podest. Die Aufmerksamkeit, die diese Tür den ganzen Sommer über erregte, war erstaunlich. Kaum ein Spaziergänger, der achtlos an ihr vorüberging. Kaum einer, der sie nicht näher begutachtete. Und auch ich blieb stehen, weil ich neugierig war, ob sie sich wohl öffnen lassen würde, diese Tür. Und sie ließ sich öffnen. Der Clou allerdings, die Überraschung dabei war, dass sich beim Öffnen der Boden des Podests ein wenig drehte. Was zur Folge hatte, dass sich die Blickrichtung beim Durchschreiten der Tür veränderte. Mitten im Leben – so schien das Kunstwerk zu sagen – kannst du Türen aufstoßen, die dir neue Perspektiven ermöglichen.

Vergebung ist eine solche Tür. Vergebung öffnet neue Räume.

Dabei heißt Vergebung nicht, das Verhalten von Menschen zu entschuldigen. Nicht schönreden, nicht bagatellisieren. Auch heißt Vergebung nicht, Gewesenes zu billigen, auf Konsequenzen zu verzichten. Wir selbst entscheiden, wie wir mit Menschen umgehen, die uns zutiefst verletzt haben. Wir selbst bestimmen, ob wir sie weiterhin in unserem Leben haben wollen oder eben nicht. Die Welt ist groß, Platz ist genug.

Vergeben heißt, einen Schlussstrich zu ziehen, mit der Vergangenheit endgültig abzuschließen. Keinen Platz mehr zu lassen für ein »Vielleicht« oder ein »Eventuell«. Diese Worte schaffen nichts als neue Probleme. Vergeben heißt endgültig loslassen. Den alten Gefühlsraum verlassen und einen neuen betreten. Von der Vergangenheit in die Gegenwart wechseln. Vergeben heißt, nach vorn schauen, nicht zurück.

Der Raum, in dem Vergebung stattfindet, ist nirgendwo anders zu entdecken als in uns selbst. Also: Herz öffnen und in der Liebe wachsen. Nur so kann Versöhnung stattfinden. Versöhnung mit dem, was gewesen ist, mit den Menschen, die uns verletzt haben, Versöhnung auch mit uns selbst.

Offene Herzen, offene Türen, das klingt nach frischem Wind, der hereinweht, nach belebender Brise. Keine schlechte Sache, wie ich finde, wenn es um einen Neuanfang geht.

Ich kannte einen Künstler, einen alten, lebenserfahrenen Mann, der eine solche Liebe zum Leben ausstrahlte, dass es guttat, in seiner Nähe zu sein. Er war ein ausgemachter Familienmensch. Und es war eine große, buntgewürfelte Schar, die er stolz »die Seinen« nannte. Einige Zeit vor seinem Tod allerdings hatte sich ein gewisser Unfrieden in seiner Familie breitgemacht, durch Missverständnisse, an denen er nicht ganz unbeteiligt war. Die Situation war angespannt und schwierig.

Eines Tages überraschte er mich mit der Mitteilung, eine Idee geboren zu haben. Da sein Atelier in der Nähe einer kleinen Kapelle lag, ließ er sich vom Läuten der Glocken mehrmals am Tag daran erinnern, dass die Stunde der Vergebung gekommen war. Gleich beim ersten Ton unterbrach er seine Arbeit und formulierte seine »Klanggebete«, wie er es nannte. Betrachtende, meditierende Hinwendungen, in denen er stellvertretend für jeden Einzelnen und für alle zusammen um die Kraft zur Versöhnung bat. Das Harte weich machen, nannte er sein Tun, und war felsenfest davon überzeugt, mit seinen guten Gedanken auch Gutes zu bewirken. Denn Gleiches zieht Gleiches an. Wer Frieden denkt, wird von Frieden durchzogen. Wer Liebe und Versöhnung denkt, schafft Liebe und Versöhnung. Und tatsächlich durfte er erleben, wie innerhalb seiner Familie ganz langsam eine Annäherung stattfand, zuerst im kleinen, dann im größeren Kreis, in wachsenden Ringen sozusagen.

Vergebung ist die wichtigste Heilkraft, die wir haben. Vergebung ist wie eine Rose, die wir vor die Tür eines anderen oder auch vor unsere eigene Haustür legen. Ist wie ein Lächeln, das wir in die Welt hinausschicken und das am Ende – wunderbarerweise – zu uns zurückkehrt.

Wer unbeugsam an seinem Schmerz festhält, an geschehenem Unrecht festklammert, wer sich verschließt, verkapselt, in ohnmächtige Wut oder Trauer hineinsteigert, fällt in eine Art Erstarrung.

Erstarrung aber bedeutet Stillstand. Und Stillstand, das wissen wir von der Seiltänzerin hoch oben in der Zirkuskuppel, führt zwangsläufig zum Absturz. Wir alle haben die Wahl. Wir können ein Leben lang verletzt und verbittert bleiben, unsere Herzenswunden offenhalten. Wir können aber auch anders. Wir können vergeben.

Alles hat jedoch seine Zeit. Und manches im Leben braucht erstaunlich viel davon. Wenn es also trotz unseres guten Willens mit der Vergebung nicht klappen will, was in bestimmten Fällen völlig normal ist: nicht verzweifeln. Dranbleiben, nicht nachlassen in der Liebe. Es gibt ein Bekenntnis, das mich in seiner tiefen Menschlichkeit immer berührt hat. Da schreibt Paulus in einem Brief an die Römer: »Ich tue nicht das Gute, das ich will ...« (Römer 7,19). Auch wir dürfen unsere Unfähigkeit beklagen und trotzdem daran glauben, dass die Zeit kommen wird, in der wir die Kraft zur Vergebung aufbringen werden, dürfen voller Vertrauen weiter auf dem Weg der guten Absicht, der guten Hoffnung gehen.

Vielleicht ist Vergebung so etwas wie das Gold im Fluss des Lebens, das wir tatsächlich nur mit ganz viel Geduld und Ausdauer finden, das uns am Ende aber unsagbar reich macht.

Der Siege göttlichster
ist das Vergeben.
FRIEDRICH SCHILLER

Sonne im Herzen

Ich bin vergnügt
erlöst
befreit ...

HANS DIETER HÜSCH

Bei meinem letzten Besuch in einem China-Restaurant bekam ich nach dem Essen einen Glückskeks mit auf den Weg, der die Botschaft enthielt: »Das Leben ist ein Geschenk. Erlebe seine Schönheit.«

Achtlos hatte ich den Zettel beim Rausgehen in meine Jackentasche gesteckt. Was dazu führte, dass er mir in den nächsten Tagen immer wieder in die Finger fiel. Und je öfter ich ihn herauszog und las, umso mehr begeisterte mich seine Botschaft. Das Leben ein Geschenk. Und wir, die Beschenkten, dürfen es auspacken und seine Schönheit erleben.

Nun ist die Sache mit den Geschenken so eine Sache. Ich habe einmal, während eines Spaziergangs durch die Stadt, in einem Abfalleimer etwas entdeckt, was meine Aufmerksamkeit erregte. Eigentlich hatte ich nur mein Taschentuch im Vorbeigehen wegwerfen wollen. Stattdessen blieb ich stehen, weil mich aus der Tiefe des Eimers plötzlich eine dicke, fliederfarbene Kerze anschaute. Offensichtlich ein Geschenk, denn sie war in Klarsichtfolie verpackt, sogar die goldene Schleife saß noch. Da ich es zu schade fand, diese Kerze dem Müll zu überlassen, holte ich sie kurzerhand heraus und nahm sie mit. Zu Hause aber, kaum, dass ich die Folie entfernt hatte, entfuhr mir ein Freudenschrei. Denn unter der Kerze, auf dem nicht sonderlich dekorativen Plastikteller, lag ein winzig klein zusammengefalteter Geldschein. Sage und schreibe 100 D-Mark. Dazu ein Zettel, auf dem geschrieben stand: »Von Oma.«

Welch eine Überraschung! Natürlich habe ich mich über dieses unverhoffte Geldgeschenk gefreut. Zumal ich damals noch studierte und Studenten bekanntermaßen nicht im Geld schwimmen. Gleichzeitig aber hat mich der Fund auch traurig gemacht. Weil Kerze und Geld ja eigentlich für jemand anderen bestimmt waren. Für einen Beschenkten, der kein Beschenkter sein wollte. Der sich noch nicht einmal die Mühe gemacht hatte, das so liebevoll Eingepackte auszupacken. Der es ungesehen weggeworfen hatte, ohne dabei zu bemerken, wie wertvoll es war.

»Das Leben ist ein Geschenk. Erlebe seine Schönheit.«

Stellen wir uns die Glückskeks-Gretchenfrage: Wie halten wir es mit der Schönheit des Lebens? Spüren wir ihn noch, diesen tiefen, kraftvollen Zauber? Lassen wir uns noch berühren? Lassen wir uns noch beschenken vom Leben?

»An manchen Morgen«, schreibt Albert Camus in einem seiner sonnigen Mittelmeer-Essays, »fällt ein unsagbar süßer Tau auf das Herz und vergeht. Doch seine Frische bleibt, und sie ist es, die das Herz immer wieder verlangt.« Vielleicht ist es ja an der Zeit, uns vom Tau der Schönheit ganz neu benetzen und begeistern zu lassen. Uns von ihrem frischen Hauch durchwehen zu lassen.

Wo das passieren könnte? Nun, unter freiem Himmel natürlich, zwischen Wind und Wolken, wo uns Schönheit in belebender Fülle erwartet. Die Natur mit all ihren Geräuschen und Gerüchen, ihren verschwenderischen Farben, mit ihrem Licht, ihren Landschaften, ihren blauen Horizonten und der grünen Kraft, die sie im Herzen trägt.

Ob Frühling- oder Herbsttag, Sommer oder Winter, immer offenbart sie uns ihre göttliche Schönheit, ihre vollkommene Harmonie. Sowohl im Werden als auch im Vergehen schenkt sie uns großartige, lebenswarme Momente. Schönheit zum Niederknien, wie ich finde.

Da betört uns der Duft blühender Linden, das Konzert der Zikaden, da bewundern wir den Glanz der Sterne in samtschwarzen Nächten, das weiche Blau eines Winterabends, lauschen dem jubelnden Gesang einer Amsel, sehen Wildgänse und Kraniche davonziehen und einen Regenbogen über uns aufgespannt, der alles mit allem verbindet.

Augenblickswunder, in denen wir die Haut der Dinge mit unserer Haut berühren, wie es in einem Gedicht von Hilde Domin heißt. Ich selbst bemühe mich, die Größe dieser kleinen Momente immer wieder neu zu entdecken, ihren Reichtum, ihre Herrlichkeit bewusst wahrzunehmen. Das Staunen nicht zu verlernen. Im Gewöhnlichen das Außergewöhnliche zu sehen, das Kostbare. So sammle ich Augenblicke wie andere Leute Briefmarken.

Zwei Beispiele: Ein Sommertag. Ich war hinausgefahren in die heitere, sonnendurchwirkte Natur, um in der Stille des Waldes meine eigene Stille zu finden. In der Hektik des Alltags, dem Vielerlei und dem Allerlei, hatte ich sie schlichtweg verloren. Während ich gemächlich unter den Bäumen dahinspazierte, den Blick in die Höhe gerichtet, segelt plötzlich ein Blatt aus einem der Wipfel, nur ein einziges, einzelnes Blatt, schwebt leuchtend grün durch die blaue, so stille Luft. Wie verzaubert blieb ich stehen, schaute zu, wie es schwerelos, ohne jede Anstrengung, herniedersank. Langsam, ganz langsam, ohne jede Hast und Eile, aber mit einer solchen Grazie und Schönheit, einer solchen Anmut, dass ich gar nicht anders konnte, als es mit meinen Blicken zu verfolgen. Und je länger ich es beobachtete, je länger ich mich der Zartheit dieses so leichten, flüchtigen Augenblicks anvertraute, umso mehr spürte ich, wie die Ruhe dieses Blattes die Unruhe meines Geistes bändigte. Wie sich Stille in mir ausbreitete. Und mit der Stille eine tiefe Freude und ein noch tieferer Frieden.

Szenenwechsel.

Ein Winternachmittag. Strahlend blauer Himmel, die Welt schneeweiß gefroren. Wie so oft führte mich mein Weg vom Schreibtisch zum nahen Fluss hinüber, wo der Gesang des Wassers allerdings ein gänzlich anderer war als sonst. Ich hörte Töne, wie ich sie nie zuvor vernommen hatte. Was war das? Woher kam dieser Wohlklang, dieser zarte Klingklang, der meine Schritte befeuerte? Neugierig reckte ich den Hals. Und dann sah ich, was los war: Vom Yachthafen herüber trieb Eisbruch im Wasser, direkt am Ufer entlang. Jede Menge Zersplittertes. Wie aus einer Zuckerbäckerei sah das aus. Kubistische, kleine Frostgebilde, die hell klingend aneinanderstießen und im fließenden Strom ein vielstimmiges Konzert anstimmten. Sphärenmusik. So ergreifend, so hinreißend schön, dass ich mich kaum trennen mochte.

Ich habe einmal in einem Supermarkt, in dem die prallgefüllten Regale bis unter die Decke reichten, ein kleines Mädchen in einem Einkaufswagen sitzen sehen, das sich mit großen, leuchtenden Augen umschaute und dann plötzlich, in einem Anflug ungestümer Freude, die Arme in die Luft warf und ausrief: »Ist es nicht schön hier, lieber Gott?«

Genau so möchte ich jubilieren, wenn ich diese begeisternden Augenblicke erlebe, in denen Blätter gemächlich von Bäumen segeln, gefrorene Flüsse einen Klangteppich bilden, diese Augenblicke, die voller Zauber sind und im Herzen weiterschwingen.

Für mich ist die Natur, dieses »heilig öffentlich Geheimnis«, wie es bei Goethe heißt, ein Ort mit hoher spiritueller Energie. Heilig und heilend zugleich. Ein Ort, an dem ich die zärtliche Liebe unseres Schöpfers spüre. Und eingehüllt in diese Liebe, diese »Kraft aus der Ewigkeit«, wie Hildegard von Bingen weiß, mir selbst begegne. Naturbegegnung – Selbstbegegnung. Eine zutiefst berührende und bewegende Angelegenheit, wie ich finde. Wir müssen uns nur aufmachen, im doppelten Sinn des Wortes: hinausgehen und unsere Sinne öffnen.

Kehren wir zurück von unseren Streifzügen, kann es guttun, das Erlebte in der Stille aufzuschreiben. Unsere kleinen großen Augenblicke mit Worten einzufangen, um sie in Situationen, in denen es nottut, noch einmal zu erleben. Dann zum Beispiel, wenn wir nicht wissen, wo wir im Winter die Blumen und den Sonnenschein hernehmen sollen (Hölderlin). In solch kahlen und kalten Zeiten kann das Nachlesen dieser beglückenden Momente ein Lächeln in unser Gesicht zaubern.

Das Leben ist ein Geschenk. Eine Art kostbare, fliederfarbene Kerze. Und es wird umso wertvoller, je achtsamer und bedachtsamer wir damit umgehen. Jeder Augenblick zählt. Genießen wir es also, dieses Glück unter freiem Himmel, das in uns einströmt, sobald wir offen dafür sind. Eine Offenheit, die, wie so vieles im Leben, auch eine Sache der Übung ist. Das Schlüsselwort heißt: Geduld. Still werden, loslassen, die Dinge sich ereignen lassen. Warten, abwarten können. Unter Bäumen liegen und dem Flüstern der Blätter lauschen, zwischendrin einschlafen und das Gemurmel, das Gesäusel mit in den Traum hinübernehmen. Oder am Strand stehen, im warmen Sand, mit weit ausgebreiteten Armen, die salzige Luft einatmen und den Wellen lauschen, diesem ewigen Gesang der Welt. Geschehen lassen. Raum und Zeit vergessen. Spüren, wie sich Grenzen auflösen, wie Außen und Innen miteinander verschwimmen. Nicht denken. Nur fühlen. Das Geheimnis des Lebens erspüren. Diese unerhörte Lust, zu sein.

Manchmal habe ich das Gefühl, das Glück wird ärgerlich, wenn man es zu wenig oder gar nicht beachtet, verabschiedet sich kurzerhand und kommt dann nicht wieder.

Gehen wir also hinaus in die Natur, tauchen wir ein in ihre Fülle und ihre Schönheit, umarmen wir das Glück unter freiem Himmel und kehren reich, ja überreich beschenkt zurück. Mit dem Duft der Wälder in den Haaren, Sternenglanz in den Augen und jeder Menge Sonne im Herzen.

Hunger nach Leben

... dieses Sehnen meines Herzens nach Nahrung,
ohne je befriedigt zu werden ...

FRANZ GRILLPARZER

Auf einer Vernissage, bei der ich für das Wohl der Gäste zu sorgen hatte, habe ich einmal folgenden kleinen Dialog zweier Damen mit angehört.

»Möchtest du nicht das Laugengebäck probieren?«, fragte die eine.

»Nein!«, sagte die andere.

»Magst du kein Laugengebäck?«

»Doch!«

»Und warum greifst du dann nicht zu?«

»Weil ich nicht mehr aufhören kann, wenn ich einmal damit anfange.«

Verständnisvolles Lächeln.

»So geht es mir mit Pralinen. Ich bewundere Menschen, die eine angefangene Schachtel zurück in den Schrank legen können. Ich selbst schaffe das nicht, entweder ganz oder gar nicht, alles oder nichts.«

Natürlich wurde der Austausch der beiden Damen mit einer gewissen Leichtigkeit geführt.

Schließlich ging es bei ihrem Gespräch um eine Maßlosigkeit, die sich am Ende ja doch in Maßen hält, weil sie eben nur sporadisch auftritt. Nicht jeden Tag essen wir Pralinen oder Laugengebäck.

Aber es gibt andere, weitaus gefährlichere Maßlosigkeiten, wenn es ums tägliche Brot geht. »Ich bin so satt, ich mag kein Blatt«, meckert die Ziege in Grimms Märchen »Tischlein deck dich« und lügt ganz offensichtlich. Denn in Wahrheit ist sie gar nicht satt. Sie ist weder satt noch zufrieden, verlangt nach mehr und immer noch mehr. Diese gefräßige Ziege hat mich schon in Kindertagen irritiert. Genauso wie der Suppen-Kaspar, dieser zunächst pausbackige Junge aus dem »Struwwelpeter«, der seine Suppe nicht essen will, partout nicht essen will, bis er schließlich am gedeckten Tisch verhungert.

Zwei rätselhafte Bilder einer ganz unterschiedlich gearteten Maßlosigkeit. Zwei Symptome, zwei Störungen im Gleichgewicht, die sich erst dann entschlüsseln lassen, wenn wir uns für die Geschichten hinter den Geschichten interessieren. Wenn wir beispielsweise fragen: Warum hat jemand das Gefühl, nie genug zu haben? Warum verhungert jemand am gedeckten Tisch?

Aus eigener Erfahrung und aus vielen Gesprächen mit betroffenen Frauen weiß ich, dass Wunden, die uns in der Kindheit zugefügt wurden – und damit meine ich nicht nur die Erfahrung von sexuellem Missbrauch –, uns jeglichen Appetit aufs

Leben rauben oder uns zu maßlos Essenden machen können. Ich weiß, was es heißt, wenn der eigene Leib zum Kriegsschauplatz wird, zum Territorium, auf dem ein seelischer Konflikt ausgetragen wird. Wenn die hungernde, zutiefst verwundete Seele verzweifelt um Hilfe schreit und im Essen etwas sucht, von dem sie selbst nicht weiß, was es ist. Etwas, das sie nicht in Worte fassen kann, von dem sie nur weiß, dass sie es irgendwann verloren hat und das sie seitdem sucht. Eine Suche, die in Sucht umschlagen kann – in die Sucht zu hungern oder die Sucht zu essen.

Um dem Symptom plötzlicher Maßlosigkeit ein wenig auf die Spur zu kommen, möchte ich die Geschichte einer Frau erzählen, die ich Ende der Achtzigerjahre interviewt habe, weil ich ein Buch über die Beziehung von Müttern und Töchtern schreiben wollte. Ein Thema, das in jener Zeit in aller Munde war. »Von Muttermilch und Muttermacht«, sollte es heißen. Zu dem Projekt allerdings ist es am Ende nicht gekommen, weil ich mich entschieden hatte, doch lieber zu promovieren. Die Geschichte dieser Frau aber, die damals um die fünfzig herum war, ist mir geblieben. Und ich möchte sie erzählen, weil sie auf so eindringliche Weise zeigt, wie eine schmerzhafte, nie verheilte Verletzung aus Kindertagen, ein ungelöster emotionaler Konflikt, im zerstörerischen Symptom einer Esssucht laut werden kann. Und wie Heilung möglich ist.

Bei dieser Frau hatte sich eines Tages ein seltsamer Hunger zu Wort gemeldet. Das Verlangen, mehr zu essen als nötig. Sie entschuldigte diesen Impuls mit ihrer Trauer. Schließlich war ihre Mutter vor nicht allzu langer Zeit gestorben. Und sie gehörte zu den Menschen, die bei Kummer eher zu viel als zu wenig aßen. Beängstigend allerdings war, dass dieser Hunger von Tag zu Tag größer zu werden schien. Und mit ihm die seltsame Angst, nicht genug zu bekommen.

Sie sprach mit niemandem darüber. Gleichzeitig hoffte sie, der Hunger möge sich genauso plötzlich wieder verabschieden, wie er gekommen war. Aber den Gefallen tat er ihr nicht. Er blieb. Und mit ihm das Gefühl von Leere, das sie seit dem Tod der Mutter beherrschte. Natürlich begann sie, gegen den Hunger anzukämpfen. Versuchte sich abzulenken, sobald er sich zu Wort meldete, ihn mit Vernunft zu besiegen. Aber der Hunger ließ sich nicht so einfach beiseiteschieben. Und schon gar nicht vertreiben. Stattdessen wurde er aggressiver, fraß sich regelrecht in sie hinein, beherrschte sie mehr und mehr. Hatte er sie zuerst nur daheim und in den Abendstunden tyrannisiert, meldete er sich jetzt auch tagsüber und im Büro zu Wort. Ohne jede Vorankündigung fiel er über sie her. Ihre Kollegen belächelten sie, wollten wissen, ob sie im fortgeschrittenen Alter noch schwanger geworden sei, wegen des Appetits, den sie plötzlich an den Tag legte.

Ihr selbst war nicht zum Lachen zumute. Denn dieses Verlangen, diese unerklärliche Gier war alles andere als spaßig. Es war wie ein Fluch, der über sie gekommen war, eine Art Verwünschung. Und je größer der Hunger wurde, umso kleiner wurde sie.

Was sie nicht ahnte in jener Zeit: mit jedem Bissen schluckte sie ihre Gefühle aus Kindertagen hinunter. Gefühle, die sie über einen langen Zeitraum aufgestaut hatte und die durch den Tod der Mutter zu ihr zurückgekehrt waren. Auf einer Urlaubsreise, die sie mit Freunden unternahm, machte sie eine erstaunliche Erfahrung: Weit weg von zu Hause ging es ihr gut. Die Angst, mit der sie sich vor Antritt der Reise herumgequält hatte, war völlig überflüssig gewesen. Der Hunger ließ sie in Ruhe. Es war, als hätte sie ihn daheim gelassen. Kaum aber war sie nach Hause zurückgekehrt, kehrte auch der Hunger zu ihr zurück.

Nicht lange, und sie nahm an Gewicht zu. Sie schämte sich für ihre Körperfülle, weil sie das Gefühl hatte, ihre krankhafte Maßlosigkeit nicht länger verheimlichen zu können. Sie begann sich zurückzuziehen. War sie früher gern mit Freunden ausgegangen, so blieb sie jetzt lieber daheim. Die Gegenwart anderer Menschen störte sie plötzlich. Auch ertrug sie es nicht, wenn jemand ihr beim Essen zuschaute. Je mehr sie sich aber zurückzog, umso schlimmer wurde der Zwang zu essen.

»Die Seele nährt sich von dem, was Freude bereitet«, heißt es bei Augustinus. Aber sie verspürte keine Freude mehr. Jede Leichtigkeit war aus ihrem Leben verschwunden. Jede Fröhlichkeit, jedes unbeschwerte Sich-Hineinwerfen in immer neue Ideen. Da waren nur noch dieser quälende, peinigende Hunger und das Gefühl, ihm hilflos ausgeliefert zu sein. Der Alltag mit seinen Pflichten fiel ihr zusehends schwerer.

Es dauerte noch eine ganze Weile, bis sie bereit war, sich einzugestehen, dass sie Hilfe brauchte. Aber eines Tages war es dann soweit. Der Leidensdruck war groß genug; sie vertraute sich einer Ärztin an und befolgte deren Rat, eine Klinik aufzusuchen. »Dem ist gut helfen«, sagt ein Sprichwort, »der sich helfen lassen will.«

Ich bin fest davon überzeugt, dass der Prozess der inneren Heilung in genau dem Augenblick beginnt, da wir über Veränderungen nachdenken. Da wir Verantwortung für uns und unser Lebensglück übernehmen und – ganz wichtig! – nötige Schritte einleiten. In dem Wort »Verantwortung« steckt das Wort »Antwort«. Heilung beginnt, wenn wir anfangen, uns wichtige, längst überfällige Fragen zu stellen. Wenn wir, wie in diesem Fall, damit beginnen, »reinen Tisch zu machen«.

Schon in den ersten Gesprächen, die sie in der Klinik führte, wurde deutlich, dass nicht der Tod der Mutter das eigentliche Problem war, vielmehr ein unausgesprochener Gefühlszwiespalt, in dem sie sich befand. Ein tiefgreifender Ambivalenzkonflikt. Sie war als uneheliches Kind geboren, ohne Vater aufgewachsen und von der Mutter mit der Botschaft geimpft worden, unerwünscht zu sein. Früh bereits hatte sie Schmähungen erlebt, Einsamkeit, sich als Außenseiterin gefühlt.

Das nagende Gefühl, nicht willkommen zu sein, begleitete sie von Kindheit an. Unbewusst haderte sie mit ihrem Schicksal, nicht die Liebe und Nestwärme erfahren zu haben, die sie auf dem Weg ins Leben so dringend gebraucht hätte. Das existenzielle Gefühl von Geborgenheit und Urvertrauen.

Spruchreif war dieser Konflikt durch einen Begriff geworden, an den sie sich wie eine Schiffbrüchige geklammert hatte. Es war das Wort »Anker«, das sie auffallend oft für ihre verstorbene Mutter verwendet hatte. Nun ist ein Anker etwas durchaus Positives, weil er Halt und Sicherheit gibt. Gleichzeitig aber, und darüber hatte sie nie zuvor nachgedacht, sorgte ein Anker für Stillstand, indem er jedes Abdriften, jedes Aufbrechen in neue Gewässer verhindert. Und genau hier lag die Schwierigkeit. Weil sie Zeit ihres Lebens auf die Liebe der Mutter gehofft und gewartet hatte, war sie Zeit ihres Lebens nicht von ihr losgekommen. Trotz räumlicher Trennung – immerhin war sie lange Zeit im Ausland gewesen – hatte sie die Mutter auf emotionaler Ebene niemals wirklich verlassen. »Obwohl sie mich nicht haben wollte«, stellte sie verbittert fest, »hat mein Leben am Ende immer ihr gehört!«

Sie erkannte, dass der Tod der Mutter nicht nur Trauer, sondern auch einen mächtigen Zorn in ihr freigesetzt hatte. Zorn auf deren Lieblosigkeit, Zorn aber auch, weil sie diese Lieblosigkeit wie einen Ableger übernommen hatte. Solange sie denken konnte, behandelte sie sich mit der gleichen Härte, die sie vonseiten der Mutter erlebt hatte. Sie verlangte viel von sich, mitunter viel zu viel. In der Schule, im Studium und später im Beruf. Sie hatte gelernt, sich Wertschätzung zu »erarbeiten«. Leistung und Fleiß waren eine Selbstverständlichkeit für sie. Von Kindheit an lebte sie in der Überzeugung, sich die Liebe und das Wohlwollen ihrer Mitmenschen verdienen zu müssen. Ein Irrglaube, der sich aus der Angst speiste, kein Recht zu haben, auf dieser Welt zu sein.

Ganz langsam begann sie den seltsamen Hunger, dieses Hin- und Herpendeln zwischen Fülle und Leere, zu verstehen. Schritt für Schritt erkannte sie, wie wichtig es für ihr weiteres Leben war, nicht länger so verbissen streng mit sich selbst zu sein, sich nicht ständig Höchstleistungen abzufordern, vielmehr toleranter zu werden. Auch lernte sie, Prioritäten zu setzen. Ihren Mitmenschen zu gefallen, war die eine Sache. Sich selbst zu gefallen, eine ganz andere.

Es gibt ein Gedicht von Eugen Roth, in dem ein junger Mensch die Chance verpasst, mit einem »sehr hübschen Mädchen« ins Gespräch zu kommen. In der Nacht liegt er schlaflos in seinem Bett und übt, was er tagsüber versäumt hat: ihr sein schönstes Lächeln zu schenken. Der Titel des Gedichts lautet: »Der versäumte Augenblick«.

Auch wenn es darum geht, uns selbst unser schönstes Lächeln zu schenken, sollten wir darauf achten, keine Gelegenheit zu versäumen, vielmehr jeden »Glücksfall«, wie es im Gedicht heißt, zu nutzen, um in der Selbstliebe zu wachsen. Nur so – diese Erkenntnis nahm die Frau aus der Klinik mit nach Hause – beugen wir der Gefahr vor, in gedankenlose Selbstablehnung zurückzufallen.

Zurück in ihrem Alltag lernte sie, sich mit dem zu »füttern«, wonach sie sich als Kind so sehr gesehnt, wonach sie so sehr gehungert hatte. Auch bekam sie ein Gespür dafür, was es heißt, das eigene Glück zu nähren, sich am Tisch des Lebens eine gute und großzügige Gastgeberin zu sein.

So führte die Aussöhnung mit der verstorbenen Mutter am Ende zu einer Aussöhnung mit sich selbst. Der krankhafte Hunger verschwand. Das seelische Gleichgewicht war wiederhergestellt, das Essen zu dem geworden, was es von Natur aus ist: ein elementarer, existenzieller Vorgang, der zur Gesundheit und Freude in unserem Leben eine Menge beisteuert. Der uns hilft, aus dem Leben ein Fest zu machen.

Als Schriftstellerin ist es mir wichtig, dass diese Geschichte vom Hunger nach Leben, von der Sehnsucht nach Heilung, einen guten Schlusssatz bekommt. Und deshalb wähle ich die unübertrefflich schönen Worte von Heinrich von Kleist. Da heißt es in seiner »Marquise von O«:

Durch diese schöne Anstrengung
mit sich selbst bekannt gemacht,
hob sie sich plötzlich,
wie an ihrer eigenen Hand,
aus der ganzen Tiefe,
in die das Schicksal sie herabgestürzt hatte,
empor.

Zum guten Schluss

»Vom Sternbild her bin ich eine Waage.« Mit dieser Feststellung habe ich begonnen. Zu dieser Feststellung möchte ich am Ende noch einmal zurückkehren.

Lange habe ich überlegt, wie ich dieses Buch beschließen könnte. Dann flog mir eine Idee zu. Ein Lächeln sollte am Ende stehen. Ein Lächeln als Gegengewicht zum Schmerz. Als Lobgesang auf die Freude, die pure Lust, zu sein. Aber nicht irgendein Lächeln. Nein! Ein ganz besonderes sollte es sein. Ein geschnitztes Lächeln aus dem Mittelalter.

Also machte ich mich auf den Weg nach Hamburg, genauer gesagt nach Hamburg Altona, wo ich an einem grau verregneten Nachmittag ankam. Zu meiner großen Freude konnte ich direkt vor der Tür parken. Zu meinem großen Ärger aber war die Tür von St. Trinitatis verschlossen. Im Internet hatte das so nicht gestanden. Es bedurfte einiger Überredungskunst, bis ich eine Dame mit Schlüsselgewalt davon überzeugen konnte, mich wenigstens einen kurzen Blick ins Innere der Kirche werfen zu lassen.

Kaum aber war ich eingetreten, eingetaucht in die leise atmende Stille, löste sich mein Ärger in Luft auf. Denn ich ging direkt auf ihn zu, der so vogelgleich im lichtdurchwirkten Raum schwebt. Staunend stand ich zu seinen Füßen. Und tatsächlich! Dieser Jesus am Kreuz hatte ein Lächeln im Gesicht. Unglaublich! Bis in den Tod hinein gequält, ohne Würde und Respekt behandelt, selbst im Sterben noch dem Gespött seiner Gegner preisgegeben – und der Künstler aus dem Mittelalter ließ ihn lächeln, unermüdlich lächeln, über die Jahrhunderte hinweg.

Mit zurückgelegtem Kopf stand ich da. Es dauerte nicht lange und ich lächelte zurück. War es das, was der Künstler gewollt hatte? Uns, die Betrachter, mit zeitloser Gebärde daran zu erinnern, dass auch im größten Leid, in der größten Verzweiflung ein Lächeln über unserem Leben schwebt? Dass selbst im Schatten Licht ist?

So zumindest kam die Botschaft bei mir an. Was auch immer passiert, schien dieses Lächeln zu sagen, was auch immer geschieht in deinem Leben oder geschehen ist: weitergehen, nicht stehen bleiben, nach vorn und nach oben schauen. In der Liebe wachsen. Denn sie allein ist der Garant für eine neue, vielleicht nie gekannte Lebendigkeit, für eine unerhörte Lust, zu leben.

Mein Tag in Hamburg blieb grau und verregnet. Das Lächeln aber, in dem sich Himmel und Erde berühren, habe ich mitgenommen. Und ich hoffe, es an dieser Stelle weiterzugeben. Dieses Lächeln, das Flügel verleiht.

Quellen

»Die Lunge hat falsch geatmet ...«: aus: Rose Ausländer, Sang und Ozon, in: Im Atemhaus wohnen. Gedichte, Frankfurt am Main 1984, S. 17

»Im Atemhaus«: Rose Ausländer, in: Im Atemhaus wohnen. Gedichte, Frankfurt am Main 1984, S. 42

»Hinter dem pochenden Kopfschmerz ...«: aus: W. H. Auden, Das Geheimnis ist endlich gelüftet, in: Sag mir die Wahrheit über die Liebe. Zehn Gedichte von W. H. Auden, München, 1994, S. 31

»Ein Baum spricht ...«: aus: Hermann Hesse, Bäume. Betrachtungen und Gedichte, Frankfurt am Main 1984, S. 10f

»Nicht müde werden...«: aus: Hilde Domin, Sämtliche Gedichte, Frankfurt am Main 2009, S. 142

»Ich bin vergnügt ...«: aus: Hanns Dieter Hüsch, Psalm, in: Das Schwere leicht gesagt, Freiburg, 2012, S. 45